Marlena Sadrowski

Virtuelle Teamarbeit in Scrum-Teams

Beurteilung aus Unternehmenssicht und Handlungsoptionen für die Praxis

I

Bibliografische Information der Deutschen Nationalbibliothek:

Die Deutsche Nationalbibliothek verzeichnet diese Publikation in der Deutschen Nationalbibliografie; detaillierte bibliografische Daten sind im Internet über http://dnb.d-nb.de abrufbar.

Impressum:

Copyright © Studylab 2020

Ein Imprint der GRIN Publishing GmbH, München

Druck und Bindung: Books on Demand GmbH, Norderstedt, Germany

Coverbild: GRIN Publishing GmbH | Freepik.com | Flaticon.com | ei8htz

Inhaltsverzeichnis

Abbildungsverzeichnis

Tabellenverzeichnis

Abkürzungsverzeichnis

AISeL	Association for Information Systems Electronic Library
bzw.	beziehungsweise
CTO	Chief Technology Officer
et al.	et alii
FDD	Feature Driven Development
ff.	die angegebene und die beiden folgenden Seiten
ggf.	gegebenenfalls
HICSS	Hawaii International Conference on System Sciences
ICGSE	International Conference on Global Software Engineering
IEEE	Institute of Electrical and Electronics Engineers
ISD	Information Systems Development
S.	Seite(n)
SM	Service Mark
vgl.	vergleiche
XP	Extreme Programming
z.B.	zum Beispiel
z.T.	zum Teil

1 Einleitung

Viele Unternehmen setzen heute insbesondere in der Softwareentwicklung auf agile Arbeitsweisen und Methoden (Lee und Yong 2010). Diese Methoden bieten in einem Umfeld hoher Komplexität, Dynamik und sich schnell verändernder Anforderungen Hilfsmittel, um diesen Herausforderungen in der Softwareentwicklung zu begegnen (Yadav 2016). Eine der am weitesten verbreiteten Methoden hierbei ist Scrum (Conboy 2009; Matalonga, Solari und Matturro 2013; Mirachi et al. 2017; VersionOne 2018). Unter Anderem da Scrum ursprünglich für kleine und co-lokale Teams entwickelt wurde (Sungkur und Ramasawmy 2014), ist die Vereinbarkeit von Scrum und virtueller Teamarbeit in der Praxis bisweilen umstritten. Dennoch setzen viele Unternehmen heute mehr und mehr auch auf virtuelle Teams, um Vorteile wie eine größere Markt- und Kundennähe (Matalonga, Solari und Matturro 2013; Ramesh, Mohan und Cao 2012), den Zugriff auf einen globalen Talentpool (Bose 2008; Fitriani, Rahayu und Sensuse 2016), sowie Kosteneinsparungen (Cottmeyer 2008; Pries-Heje, Lene und Pries-Heje, Jan 2011) realisieren zu können. Daher besteht der Bedarf nach Möglichkeiten und Handlungsoptionen, agile Arbeitsweisen und virtuelle Teamarbeit kombinieren zu können und deren gleichzeitigen Einsatz zu optimieren.

Diese Arbeit konzentriert sich auf virtuelle Teamarbeit in Scrum-Teams in der Softwareentwicklung, mit dem Ziel, den aktuellen Stand der Forschung hierzu in einem strukturierten Rahmenwerk zusammenzutragen und Handlungsoptionen für die Praxis abzuleiten, sowie noch bestehende Forschungslücken aufzuzeigen. Die Arbeit orientiert sich dabei an den folgenden Forschungsfragen:

> F1: Welche Rahmenbedingungen müssen erfüllt sein, damit ein Scrum-Team erfolgreich virtuell arbeiten kann?

> F2: Welche Handlungsoptionen gibt es, um virtuelle Teamarbeit in Scrum-Teams zu verbessern?

Als Grundlage werden die bestehenden Rahmenwerke von Hossain et al. (2009), Ramesh, Mohan und Cao (2012) und Sharp und Ryan (2011) einbezogen und um Erkenntnisse aus weiteren, auch aktuelleren wissenschaftlichen Beiträgen ergänzt. Ebenso wird mittels des B*IMA-Modells (vgl. Baumöl 2008, S. 48), das die Struktur des zu erstellenden Rahmenwerks darstellt, eine ganzheitliche Betrachtung aus Unternehmensperspektive und damit eine Orientierungshilfe für die Praxis ergänzt.

Der verbleibende Teil der vorliegenden Arbeit ist hierzu wie folgt aufgebaut (siehe auch Abbildung 1): in Kapitel zwei werden die für das Thema wesentlichen Grundlagen und Konzepte erläutert und in einen Zusammenhang gebracht, sowie eine Literaturstudie zur Ermittlung des aktuellen Forschungsstandes durchgeführt. In Kapitel drei werden zunächst die Ergebnisse der Literaturrecherche inhaltlich vertieft und nach den Ebenen des B*IMA-Modells strukturiert dargestellt. Anschließend wird auf diesen Ergebnissen aufbauend ein Rahmenwerk für virtuelle Teamarbeit in Scrum-Teams erarbeitet, von dem Handlungsoptionen für die Praxis abgeleitet werden können. Das vierte Kapitel stellt eine Evaluation sowie kritische Reflexion der Ergebnisse dar. Die Arbeit schließt ab mit einem Fazit in Kapitel fünf.

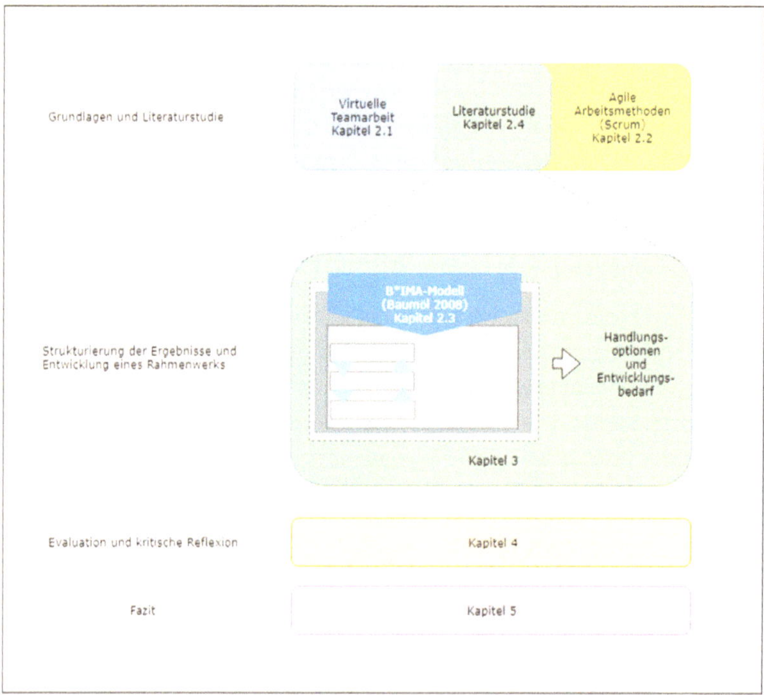

Abbildung 1: Vorgehen der Arbeit

2 Konzeptualisierung des Themas

Als Grundlage für das behandelte Thema werden in diesem Kapitel zunächst verwendete Modelle und Konzepte erläutert und in einen Zusammenhang gebracht. Weiter wird durch eine Literaturstudie der aktuelle Forschungsstand zum behandelten Thema ermittelt.

2.1 Grundlagen virtueller Teamarbeit

In Unternehmen gilt seit einigen Jahren ein Trend hin zu verteilter Softwareentwicklung in Form von virtuellen Teams oder der teilweisen oder vollständigen Auslagerung der Entwicklung in andere Länder (Ågerfalk, Fitzgerald und Slaughter 2009; Bannerman, Hossain und Jeffery 2012; Lous et al. 2018). In der wissenschaftlichen Literatur finden sich einige Definitionen virtueller Teams, die untereinander nicht einheitlich sind. In diesem Kapitel wird die Definition virtueller Teams beschrieben, die als Grundlage für diese Arbeit gelten soll.

Viele Autoren der im Rahmen dieser Arbeit untersuchten Literatur sprechen im Rahmen virtueller oder verteilter Teamarbeit von drei Dimensionen, nach denen ein Team getrennt sein kann (Bannerman, Hossain und Jeffery 2012; Dorairaj, Noble und Allan 2013; Modi, Abbott und Counsell 2013; Pries-Heje, Lene und Pries-Heje, Jan 2011; Sarker, Saonee und Sarker, Suprateek 2009; Shameem et al. 2017). Diese Dimensionen sind Zeit (zeitliche Trennung), Ort (geografische Trennung) und Kultur (Trennung durch verschiedene kulturelle Hintergründe).

Ein Modell, das virtuelle Teamarbeit nach ebendiesen Dimensionen charakterisiert, liefern Fisher und Fisher (2001). Nach diesem Modell werden Teams nach den drei Dimensionen „time" (Zeit), „space" (Ort) und „culture" (Kultur) mit jeweils zwei möglichen Ausprägungen („gleich" und „verschieden") in acht mögliche Konstellationen aufgeteilt.

Unterschiede zwischen Mitgliedern eines Teams hinsichtlich der Dimension „Zeit" könnten beispielsweise die Zugehörigkeit zu verschiedenen Arbeitsschichten oder auch Zeitzonen sein. Die Dimension „Ort" bezieht sich auf den Arbeitsort, wie z.B. verschiedene Gebäude, Städte oder Länder. Die Dimension „Kultur" beschreibt Unterschiede kultureller Art wie die Sprache, Nationalität, Erziehung, Sozialisierung und andere soziale, religiöse, politische oder ökonomische Einflüsse. In der nachfolgenden Abbildung werden die Dimensionen mit ihren möglichen Ausprägungen und den daraus folgenden acht Konstellationen noch einmal verdeutlicht.

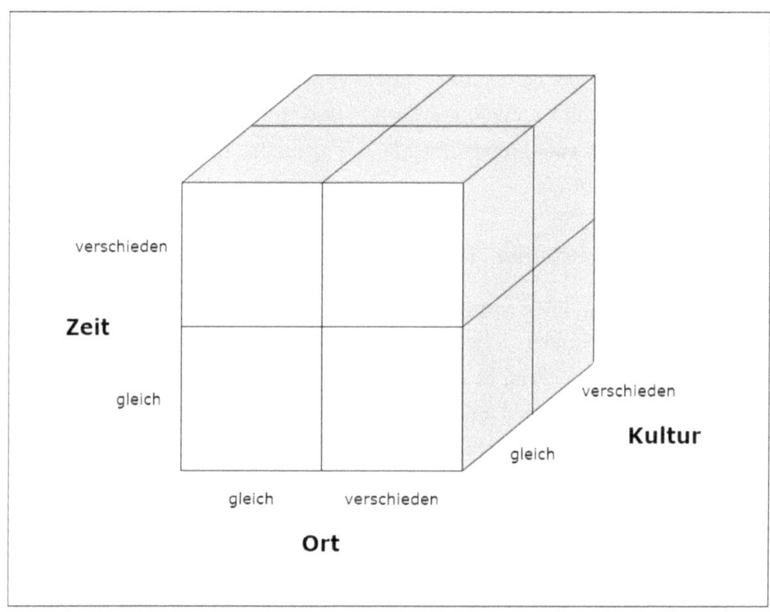

Abbildung 2: Teamkonstellationen
Quelle: in Anlehnung an Fisher und Fisher (2001)

Nach Fisher und Fisher (2001) gelten nur sechs dieser acht möglichen Konstellationen als virtuelle Teams. So sind die Konstellationen „Zeit, Ort und Kultur gleich" und „Zeit und Ort gleich, Kultur verschieden" keine virtuellen Teams. Die genannten drei Dimensionen sind jedoch nicht streng dichotom ausgeprägt, sondern unterscheiden sich graduell über viele verschiedene zeitliche, räumliche als auch kulturelle Eigenschaften zwischen völliger Verschiedenheit und völliger Identität. Demnach sind die drei unterscheidenden Dimensionen als ein Kontinuum zu verstehen.

Im Rahmen virtueller Teamarbeit gibt es also verschiedene Faktoren, nach denen sich virtuelle Teams unterscheiden können. Je nach Ausprägung dieser Faktoren ergeben sich z.T. sehr verschiedene Arbeitsbedingungen für solche virtuellen Teams, sowie sehr verschiedene Ansatzpunkte zur Verbesserung der Teamarbeit. Ein ausschließlich geografisch getrenntes, virtuelles Team hat beispielsweise Möglichkeiten, die Distanz über reichhaltige synchrone Kommunikationskanäle mithilfe von Informations- und Kommunikationstechnologie zu überbrücken, die ein Team, das in verschiedenen Zeitzonen ohne Überlappung arbeitet ohne weiteres nicht hat. Dies ist bei der Auswahl aus in dieser Arbeit dargestellten Handlungsoptionen für die Verbesserung virtueller Teamarbeit in Scrum-Teams zu berück-sichtigen.

2.2 Grundlagen agiler Arbeitskultur, -methoden und Frameworks, insbesondere Scrum

Ein weiterer Trend in der Softwareentwicklung ist der zunehmende Einsatz agiler Arbeitsmethoden (Ågerfalk, Fitzgerald und Slaughter 2009; Bannerman, Hossain und Jeffery 2012; Lous et al. 2018; Shameem et al. 2017). Mit dem Ziel, die Softwareentwicklung zu verbessern, entwickelten 17 Spezialisten der Softwareentwicklung im Jahr 2001 gemeinsam das agile Manifest. Dieses Manifest besteht aus Werten, die jeweils zwei Elemente, die beide wichtig sind, gegeneinander priorisieren. Diese Werte sind nach Fowler und Highsmith (2001, S. 2):

- „Individuals and interactions over processes and tools."

- „Working software over comprehensive documentation."

- „Customer collaboration over contract negotiation."

- „Responding to change over following a plan."

Darüber hinaus beschreiben sie zwölf Prinzipien, die die vier Werte ergänzen (Fowler und Highsmith 2001, S. 3 ff.):

1. „Our highest priority is to satisfy the customer through early and continuous delivery of valuable software."

2. „Welcome changing requirements, even late in development. Agile processes harness change for the customer's competitive advantage."

3. „Deliver working software frequently, from a couple of weeks to a couple of months, with a preference for the shorter timescale."

4. „Business people and developers work together daily throughout the project."

5. „Build projects around motivated individuals, give them the environment and support they need and trust them to get the job done."

6. „The most efficient and effective method of conveying information with and within a development team is face-to-face conversation."

7. „Working software is the primary measure of progress."

8. „Agile processes promote sustainable development. The sponsors, developers and users should be able to maintain a constant pace indefinitely."

9. „Continuous attention to technical excellence and good design enhances agility."

10. „Simplicity – the art of maximizing the amount of work not done – is essential."

11. „The best architectures, requirements and designs emerge from self-organizing teams."

12. „At regular intervals, the team reflects on how to become more effective, then tunes and adjusts its behavior accordingly."

Diese Werte und Prinzipien sind bis heute die Grundlage der agilen Kultur in der Praxis der Softwareentwicklung.

Die Wissenschaft bemüht sich um eine einheitliche Definition dieses aus der Praxis entstandenen Themas. Bisher hat sich keine bestehende wissenschaftliche Definition durchgesetzt (Hummel 2014). Für diese Arbeit soll jedoch die Definition nach Conboy (2009) zugrunde gelegt werden, auf die auch in der hier verwendeten wissenschaftlichen Literatur häufig verwiesen wird. Nach Conboy (2009, S. 340) ist Agilität folgendermaßen definiert:

> „The continual readiness of an ISD[1] method to rapidly or inherently create change, proactively or reactively embrace change, and learn from change while contributing to perceived customer value (economy, quality, and simplicity), through its collective components and relationships with its environment."

Diese Definition betont besonders eine positive Haltung und den Umgang mit Veränderung, sowie den Mehrwert für einen Kunden, widerspricht der Definition aus der Praxis, dem agilen Manifest, jedoch nicht.

Mittlerweile gibt es viele verschiedene agile Vorgehensmodelle und Methoden wie z.B. Scrum, Kanban, Scrumban, Extreme Programming (XP) oder Feature Driven Development (FDD), um nur einige zu nennen. Nach dem Annual State of Agile Report von VersionOne (VersionOne 2018), einem der größten Hersteller für Software-Entwicklungs-Tools im agilen Umfeld, ist Scrum das am weitesten verbreitete Framework. Daher konzentriert sich diese Arbeit auf Scrum-Teams.

---

[1]   Information Systems Development

Im Vorgehensmodell Scrum werden Zeremonien (z.B. bestimmte definierte Meetings), Artefakte und das Scrum-Team, bestehend aus drei Rollen, beschrieben. So gibt es den sogenannten „Product Owner", der als Repräsentant des Kunden für die Produktvision sowie die Validierung und Priorisierung der Anforderungen verantwortlich ist. Das selbstorganisierende und cross-funktionale „Development Team" setzt diese Anforderungen um und entwickelt darauf basierend iterativ das Produkt (z.B. eine Software). Die dritte und letzte Rolle beschreibt den „Scrum Master", der verantwortlich ist für das Vermitteln der Scrum Theorie, Werte und Praxis sowie entsprechendes Coaching. Er sorgt ebenso für die Einhaltung dieser Werte und Regeln und dient als Unterstützer für das gesamte Scrum-Team und Personen, die damit interagieren. Die Liste der validierten und priorisierten Anforderungen (des Kunden, sowie technischer Art), für die der Product Owner verantwortlich ist, wird „Product Backlog" genannt und kontinuierlich weiterentwickelt. Das „Product Backlog" ist die eine Quelle für Anforderungen, auf der die Entwicklung des Produkts basiert. Die Entwicklung erfolgt in Iterationen fester Länge, genannt „Sprint". Für einen Sprint dient eine im „Sprint Planning" ausgewählte Teilmenge der Anforderungen des „Product Backlog" als Grundlage, genannt „Sprint Backlog". Am Ende eines solchen „Sprints" wird in einem sogenannten „Sprint Review" ein potenziell ausliefer- und benutzbares „Increment" vorgestellt. Die „Daily Scrum" Meetings, in denen sich das Entwicklungsteam trifft, dienen der Verbesserung der Kommunikation, sollen schnelle Entscheidungsfindungen in der täglichen Arbeit unterstützen und für einen stets aktuellen Statusüberblick im Team sorgen. Zusätzlich zum „Sprint Review", das auf das Produkt bezogen ist, gibt es am Ende eines Sprints die „Sprint Retrospective". Diese dient der regelmäßigen Überprüfung und kontinuierlichen Verbesserung des Prozesses und der Zusammenarbeit. In der untenstehenden Grafik wird der Gesamtprozess noch einmal verdeutlicht. (vgl. Schwaber und Beedle 2002)

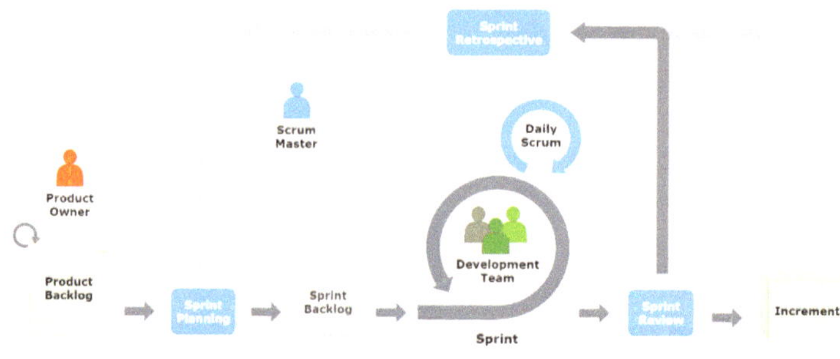

Abbildung 3: Scrum Vorgehensmodell
Quelle: in Anlehnung an Schwaber und Beedle (2002) und Scrum.org (2019)

Ursprünglich wurde Scrum für kleine und co-lokale Teams entwickelt (Sungkur und Ramasawmy 2014). Im Zusammenhang mit virtueller Teamarbeit ergeben sich in einem agilen bzw. Scrum-Team einige Herausforderungen. Im Kontext agiler Arbeitsmethoden und Scrum haben Kommunikation, das Schaffen einer offenen und vertrauensvollen Kultur, sowie ein einheitliches Verständnis der Produktvision, der Aufgaben und Ziele eine große Bedeutung (Kajko-Mattsson, Azizyan und Magarian 2010; Lous, Kuhrmann und Tell 2017). Gerade hierbei stellt der Einsatz virtueller Teamarbeit durch temporale, geografische oder kulturelle Distanz eine Erschwernis dar. Ziel dieser Arbeit ist es daher, eine strukturierte Übersicht der bestehenden wissenschaftlichen Erkenntnisse herauszuarbeiten und Möglichkeiten zur Verbesserung virtueller Teamarbeit in Scrum-Teams aufzuzeigen.

2.3 Grundlagen B*IMA-Modell zur Strukturierung der Erkenntnisse

Sowohl agile Arbeitsweisen und Scrum, als auch virtuelle oder verteilte Teamarbeit haben einen großen Einfluss auf verschiedene Ebenen einer Organisation. Nicht nur externe Faktoren wie sich schnell verändernde Anforderungen (Ågerfalk, Fitzgerald und Slaughter 2009; Batra et al. 2010) oder die Notwendigkeit schneller Produkteinführungszeiten (Pries-Heje, Lene und Pries-Heje, Jan 2011) wirken in diesem Zusammenhang auf ein Unternehmen. In vielen Forschungsbeiträgen wird beispielsweise die große Bedeutung reichhaltiger und unterstützender Informations- und Kommunikationstechnologie hervorgehoben (Hossain, Babar und Paik 2009; Shameem et al. 2017; Silva und Santos 2015; Yadav 2016). Auch auf der

Ebene der Geschäftsprozesse gibt es in der Literatur viele Hinweise auf Besonderheiten und Anpassungsempfehlungen, beispielsweise zu Rollendefinitionen (Kahya und Seneler 2018; Pries-Heje, Lene und Pries-Heje, Jan 2011; Vijayaraghavan, Sundararajan und Bhasi 2014), dem Aufbau von Teams (Shameem et al. 2017; Silva und Santos 2015; Yadav 2016) oder auch dem Erstellen und Einhalten von Richtlinien (Dorairaj, Noble und Allan 2013; Hanssen, Smite und Moe 2011; Vijayaraghavan, Sundararajan und Bhasi 2014). Ebenso sind die Ebenen der kulturellen Faktoren (Dorairaj, Noble und Allan 2013; Kajko-Mattsson, Azizyan und Magarian 2010; Lous et al. 2018) und der Geschäftsstrategie betroffen (Bose 2008; Khmelevsky, Li und Madnick 2017; Paasivaara et al. 2018).

Zur Strukturierung der gewonnenen Erkenntnisse wird daher das B*IMA-Modell nach Baumöl (2008, S. 48) verwendet. Dieses Modell, das durch eine ganzheitliche Sicht den Aufbau einer Organisation durch verschiedene Ebenen erläutert und auch deren Zusammenwirken betrachtet, bietet eine Orientierung dabei, virtuelle Teamarbeit in Scrum-Teams zu verbessern.

Ein Unternehmen ist während seines Lebenszyklus Gegenstand von Veränderung und Veränderungsprozessen. Ein Teil dieser Veränderungen ist von außen, durch das Unternehmensumfeld initiiert. Gesellschaftliche Veränderungen, veränderte Rahmenbedingungen oder Trends wie z.B. die Digitalisierung sind äußere Treiber für Veränderung einer Organisation. Diese Einflussfaktoren sind im B*IMA-Modell unter dem Begriff „externe Faktoren" zusammengefasst. Die oberste Ebene einer Organisation ist dem Modell nach die Ebene der Unternehmensstrategie, mit der auf die genannten externen Faktoren im jeweiligen Kontext reagiert wird. Zu dieser Ebene zählen beispielsweise das Geschäftsmodell, die Einnahme- und Kostenstrukturen sowie Kundenversprechen und -kanäle. Diese Ebene wirkt unmittelbar auf die nächste Ebene der Geschäftsprozesse, die die Unternehmensstrategie umsetzen. Die Geschäftsprozesse werden wiederum unterstützt durch die dritte und unterste fachliche Ebene der Informations- und Kommunikationstechnologie. Eine Veränderungswirkung ist jedoch nicht nur in der genannten Richtung (von oben nach unten) möglich. So können auch von anderen Ebenen Veränderungen ausgehen, die sich auf die übergeordneten auswirken. Ein Beispiel hierfür sind Möglichkeiten der Automatisierung von Geschäftsprozessen, die sich durch die Ebene der Informations- und Kommunikationstechnologie ergeben. Eine Voraussetzung für die Umsetzung auf den drei genannten fachlichen Ebenen sind die sogenannten „kulturellen Faktoren". Hierzu zählen neben der Unternehmenskultur beispielsweise Machtstrukturen, formelle und informelle Netze, Führung, Verhalten und

Sozialkompetenz. Auch die in einem Unternehmen existierende Steuerungsebene, die sich mit Controlling und Steuerung der drei fachlichen sowie der kulturellen Ebene beschäftigt, ist bei Veränderungen zu berücksichtigen und entsprechend anzupassen. (vgl. Baumöl 2008)

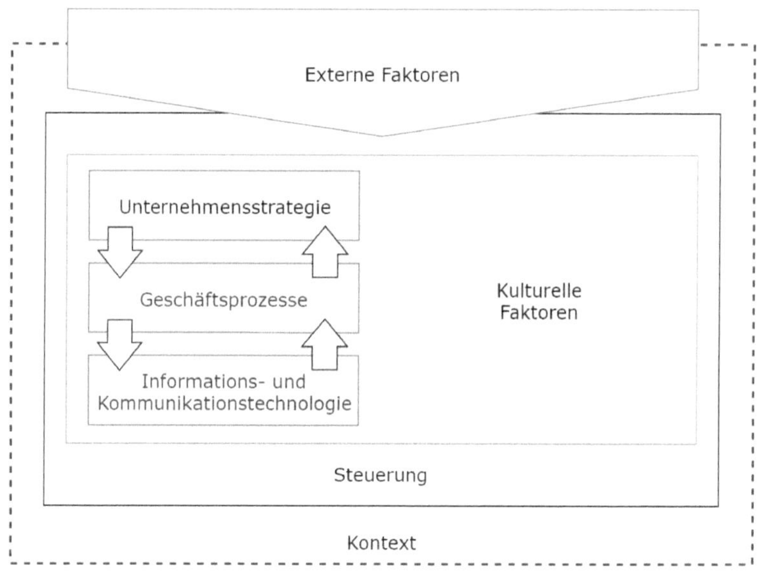

Abbildung 4: B*IMA-Modell
Quelle: in Anlehnung an Baumöl (2008, S. 48)

Bei den Instrumenten zur Kontrolle und Steuerung von Teamarbeit im Kontext von Scrum und verteilter oder virtueller Teamarbeit handelt es sich beispielsweise um bestimmte regelmäßige und gemeinsame Meetings wie das Daily Scrum (Vijayaraghavan, Sundararajan und Bhasi 2014) oder die Möglichkeiten durch technische Werkzeuge zur Statusverfolgung (Lous et al. 2018; Shameem et al. 2017; Vijayaraghavan, Sundararajan und Bhasi 2014). Daher werden diese Instrumente in dieser Arbeit nicht in einem eigenen Kapitel zur Steuerungsebene, sondern in den jeweiligen Kapiteln der zugehörigen Ebene beschrieben. Der Kontext der jeweiligen Unternehmen wird in der untersuchten Literatur nicht berücksichtigt und wird daher in dieser Arbeit ebenfalls nicht betrachtet.

2.4 Aktueller Forschungsstand

Zur Ermittlung des aktuellen Forschungsstandes wurde eine Literaturstudie durchgeführt. Bei der Durchführung wurden die Leitlinien zur wissenschaftlichen und methodischen Genauigkeit von Vom Brocke et al. (2009) berücksichtigt.

Die Literatursuche erstreckte sich sowohl über wissenschaftliche Beiträge in Fachzeitschriften als auch über wissenschaftliche Konferenzbeiträge. Für die Suche nach Beiträgen in Fachzeitschriften wurden über EBSCOhost die Datenbanken „Business Source Ultimate" als die weltweit größte wirtschaftswissenschaftlich orientierte Datenbank, „Applied Science & Technology" sowie „Library, Information Science & Technology Abstracts" einbezogen. Die Suche wurde über Thomson Reuters Web of Science[SM] ergänzt. Berücksichtigt wurden ausschließlich von Experten begutachtete („peer-reviewed") Journale und Beiträge, die im Volltext zugreifbar waren. Für die Suche nach Konferenzbeiträgen wurden die AIS Electronic Library (AISeL) sowie IEEE Xplore Digital Library verwendet. Hierbei wurden frei verfügbare Beiträge der Konferenzen berücksichtigt. In die Suche einbezogen wurden beispielsweise die AGILE Conference (AGILE), die Hawaii International Conference on System Sciences (HICSS) und die International Conference on Global Software Engineering (ICGSE) und deren Workshops. Um ein möglichst vollständiges Bild erhalten zu können, wurden darüber hinaus auch Beiträge weiterer Konferenzen integriert. Da der größte Teil der Artikel und Forschungsbeiträge in englischer Sprache vorliegt, wurden Beiträge in deutscher und englischer Sprache berücksichtigt und in der Suche die englischen Begriffe „virtual", „distributed", „agil*" und „scrum" verwendet und wie folgt verknüpft:

(virtual OR distributed) AND (agil* OR scrum)

Aufgrund der zunächst sehr großen Menge der Suchergebnisse über die IEEE Xplore Digital Library wurde die Suche dort über zusätzliche Begriffe weiter eingeschränkt, sodass sich hier folgende Suchabfrage ergibt:

(virtual OR distributed) AND (agil* OR scrum) NOT (education OR manufacturing OR „supply chain" OR cloud)

Bei der Recherche über EBSCOhost wurde über alle Felder, über IEEE Xplore Digital Library in „Fulltext & Metadata" gesucht. In der AIS Electronic Libary wurden die Felder „abstract", „subject" und „title", über Thomson Reuters Web of Science „TI" (Title) und „TS" (Topic) berücksichtigt.

Die Suche erstreckte sich über einen Zeitraum vom 19.11.2018 bis 20.12.2018. Um den Fokus auf den aktuellen Forschungsstand zu legen, wurde die Literatursuche auf Beiträge der Jahre 2008 bis 2018 eingeschränkt.

Aufgrund der Vielzahl der gefundenen Beiträge wurde auf eine Vorwärts- und Rückwärtssuche verzichtet.

Die Relevanz der Suchergebnisse für diese Arbeit wurde auf der Basis von Titel und Abstract der jeweiligen Beiträge beurteilt. Ausgeschlossen wurden ebenfalls Beiträge, die ausschließlich eine Studie vorstellen, deren Ergebnisse jedoch nicht Teil des Beitrags sind. Dies betraf insbesondere Beiträge, die über IEEE gefunden wurden. Insgesamt wurden 114 Beiträge berücksichtigt, einen Überblick über die Verteilung nach Quellen und Erscheinungsjahr gibt die folgende Abbildung 5.

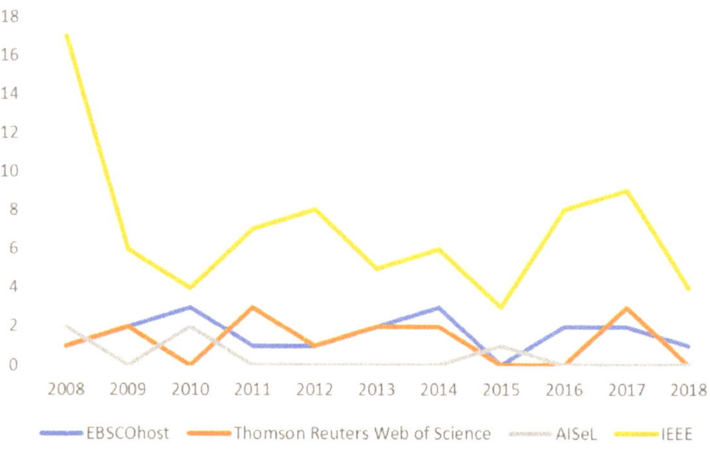

Abbildung 5: Verteilung der Beiträge nach Quelle und Zeit

Auffallend in dieser Verteilung ist die Vielzahl der Beiträge auf Konferenzen (AISeL und insbesondere IEEE) im Verhältnis zu Artikeln in Fachzeitschriften (EBSCOhost und Thomson Reuters Web of Science[SM]), sowie die besonders hohe Anzahl an Gesamtbeiträgen im Jahr 2008. Diese Verteilung zeigt jedoch auch, dass das Thema agiles Arbeiten in Verbindung mit virtueller oder verteilter Teamarbeit anhaltend relevant für die Forschung ist.

Um einen inhaltlichen Überblick über die Forschung innerhalb der für diese Arbeit zur Verfügung stehenden Beiträge zu gewinnen, wird mit der nachfolgenden Übersicht die Abdeckung der verschiedenen Ebenen aus dem B*IMA-Modell durch

Forschung ausgewertet. Die Forschungsbeiträge, die die entsprechende Ebene (mit-)behandeln, werden für jede Ebene zusammengezählt. Da ein einzelnes Werk häufig auch mehrere Ebenen thematisiert, ist die Summe über alle Ebenen nicht gleich der Anzahl insgesamt betrachteter Beiträge.

Ebene im B*IMA-Modell	Anzahl Beiträge	Anteil an Gesamtheit der Beiträge (gerundet)
Externe Faktoren	26	23 %
Unternehmensstrategie	26	23 %
Geschäftsprozesse	82	72 %
Informations- und Kommunikationstechnologie	89	78 %
Kulturelle Faktoren	72	63 %

Tabelle 1: Verteilung der Beiträge nach Ebene des B*IMA-Modells (Baumöl 2008, S. 48)

Die obige Tabelle 1 macht deutlich, dass der Schwerpunkt in der wissenschaftlichen Literatur insbesondere auf den Ebenen der Informations- und Kommunikationstechnologie (in 78 % der Beiträge erwähnt), der Geschäftsprozesse (in 72 % der Beiträge erwähnt) und der kulturellen Faktoren (in 63 % der Beiträge erwähnt) liegt. Da in der Literatur allgemein Herausforderungen und Handlungsfelder im Rahmen verteilter Teamarbeit im agilen Umfeld dargestellt werden, ist davon auszugehen, dass hierbei insbesondere auf den gerade genannten Ebenen Verbesserungen anzustreben sind, die Ebenen der externen Faktoren (erwähnt in 23 % der Beiträge) sowie der Unternehmensstrategie (erwähnt in 23 % der Beiträge) jedoch eine untergeordnete Rolle spielen. Im folgenden Teil werden dennoch Handlungsoptionen aller genannten Ebenen zusammengetragen und zu einem Rahmenwerk kombiniert, um eine ganzheitliche Sicht zu ermöglichen.

3 Analyse und Synthese – virtuelle Teamarbeit in Scrum-Teams

In diesem Kapitel werden die in der wissenschaftlichen Literatur genannten Rahmenbedingungen und Handlungsoptionen, strukturiert nach den Ebenen des B*IMA-Modells (Baumöl 2008, S. 48) dargestellt. Innerhalb der verschiedenen Ebenen werden die Bedingungen und Optionen in Kategorien eingeordnet, die in Kapitel 3.6 zu einem Rahmenwerk zusammengefasst werden. In Kapitel 3.6 wird so ein ganzheitliches Bild deutlich, während detaillierte Informationen zu den einzelnen Ebenen in den zugehörigen Kapiteln 3.1 bis 3.5 zu finden sind.

Aufgrund der Vielzahl der Beiträge zu den Ebenen der Informations- und Kommunikationstechnologie, der Geschäftsprozesse und der kulturellen Faktoren wird in diesen Kapiteln in der Gesamtaufstellung lediglich die Anzahl der Quellen angegeben. Für die Ebene der Informations- und Kommunikationstechnologie findet sich beispielhaft eine Version der Tabelle mit vollständigen Einzelnachweisen in Anhang A – Informations- und Kommunikationstechnologie in virtuellen Scrum-Teams.

3.1 Ebene der externen Faktoren

Externe Faktoren, die auf ein Unternehmen im Rahmen virtueller Teamarbeit in Scrum-Teams oder auch allgemeiner in agilen Teams einwirken, wurden in der berücksichtigten Literatur nicht explizit untersucht. Einige Autoren beziehen sich jedoch in der Einleitung insbesondere auf zwei Trends. Einer dieser Trends beschreibt die immer größere Verbreitung von global verteilter Softwareentwicklung (Ågerfalk, Fitzgerald und Slaughter 2009; Batra et al. 2010; Bin-Hezam und Alyahya 2016; Hanssen, Smite und Moe 2011; Lous et al. 2018; Persson, John und Schlichter 2015; Pries-Heje, Lene und Pries-Heje, Jan 2011), unter anderem als Folge des Megatrends der Globalisierung (Garcia-Crespo et al. 2010; Ramesh, Mohan und Cao 2012). Begründet wird dieser Trend beispielsweise damit, dass sich so eine größere Markt- und Kundennähe abbilden lässt (Matalonga, Solari und Matturro 2013; Ramesh, Mohan und Cao 2012) und kürzere Markt- oder Produkteinführungszeiten (Time-to-Market) erzielt werden können (Fitriani, Rahayu und Sensuse 2016; Matalonga, Solari und Matturro 2013; Pries-Heje, Lene und Pries-Heje, Jan 2011; Rubin und Rinard 2016). Weiterhin spielen die Nutzung des globalen Talentpools (Bose 2008; Fitriani, Rahayu und Sensuse 2016; Matalonga, Solari und Matturro 2013) sowie Kosteneinsparungen (Cottmeyer 2008; Matalonga, Solari und Matturro 2013; Pries-Heje, Lene und Pries-Heje, Jan 2011; Ramesh, Mohan und Cao 2012) eine Rolle. Die Möglichkeit der Realisierung von Kosteneinsparungen ist allerdings in der Literatur umstritten, da anfallende Zusatzkosten wie beispielweise die Investitionen, um ein global verteiltes Team arbeitsfähig zu machen, oder Reisekosten die Einsparungen durch ein geringeres Lohnniveau in den gewählten Ländern aufheben können (Fitriani, Rahayu und Sensuse 2016; Phalnikar, Deshpande und Joshi 2009; Robarts 2008).

Der zweite genannte Trend bezieht sich auf die Entwicklung hin zu einer höheren Prozessflexibilität und den vermehrten Einsatz agiler Methoden (Ågerfalk, Fitzgerald und Slaughter 2009; Bannerman, Hossain und Jeffery 2012; Bin-Hezam und Alyahya 2016; Dreesen et al. 2016; Lous et al. 2018; Shameem et al. 2017; Yadav 2016). Als Hauptmotivation hierfür wird die verbesserte Reaktionsfähigkeit auf Veränderung sowie auf sich schnell und kontinuierlich verändernde Anforderungen genannt (Phalnikar, Deshpande und Joshi 2009; Pries-Heje, Lene und Pries-Heje, Jan 2011; Ramesh, Mohan und Cao 2012; Sarker, Saonee et al. 2009). Darüber hinaus erwähnt Cottmeyer (2008) die Absichten der Qualitätsverbesserung und Steigerung der Projektperformance als Gründe für die Einführung agiler Arbeitsweisen.

Diese beiden Trends führen in vielen Organisationen zu einer Kombination verteilter Softwareentwicklung und Agilität (Bannerman, Hossain und Jeffery 2012; Dreesen et al. 2016; Lous et al. 2018; Shameem et al. 2017). Ermöglicht werden diese Entwicklungen durch technischen Fortschritt und Innovationen (Sarker, Saonee et al. 2009), wie z.B. neue Möglichkeiten der Kommunikation, auf die in Kapitel 3.4 näher eingegangen wird. Weitere Trends wie beispielsweise der demografische Wandel werden in der untersuchten Literatur nicht genannt.

Die oben genannten Zusammenhänge und Entwicklungen werden in Abbildung 6 verdeutlicht.

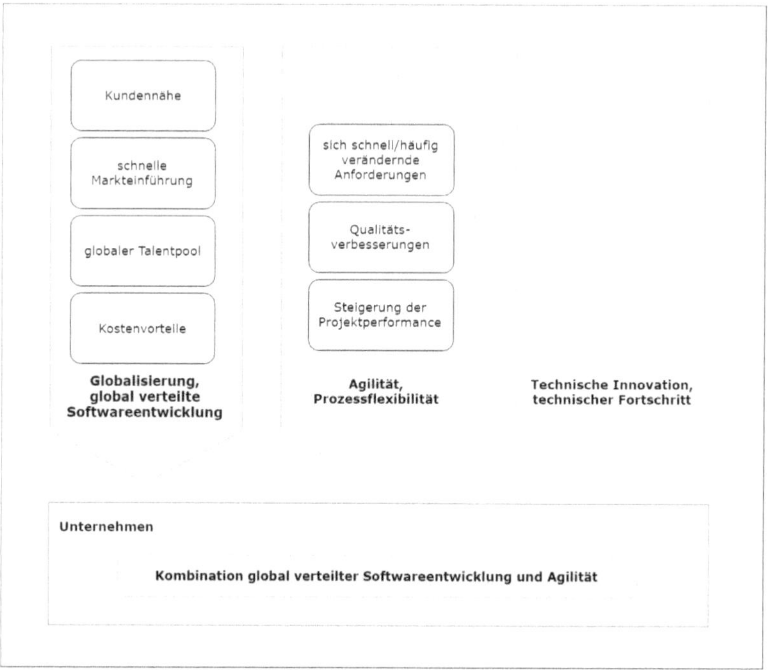

Abbildung 6: Externe Faktoren im Rahmen virtueller Teamarbeit und Scrum

3.2 Ebene der Unternehmensstrategie

Zur übersichtlichen Darstellung wurden die Rahmenbedingungen und Handlungsoptionen, die in der untersuchten Literatur zur Ebene der Unternehmensstrategie genannt wurden, in drei Kategorien gegliedert. Die übergeordnete Kategorie der „Unternehmensstrategie, -vision und -werte" fasst die Elemente, die unternehmensweite Relevanz haben. Die Kategorie „Programm- und Projektplanung" bezieht sich auf Bedingungen und Optionen im Kontext von Projekten innerhalb des Unternehmens, während unter den Begriffen „Produktvision und -planung" die produktbezogenen Empfehlungen zusammengefasst sind. Innerhalb der Kategorien werden Optionen absteigend nach Anzahl der Quellennachweise sortiert, bei gleicher Anzahl alphabetisch nach Handlungsoption. Dies wird in den folgenden Kapiteln 3.3 bis 3.5 beibehalten.

Zu den größten Problemen im Rahmen agiler, virtueller Teamarbeit zählen nach Khmelevsky, Li und Madnick (2017) das Fehlen klarer Ziele und Verständnis von Sinnhaftigkeit und Kontext eines Projekts. Paasivaara et al. (2018) schlagen mit sogenannten „Vision & Value Workshops", an denen insbesondere das Management und Coaches, aber auch Teilnehmer aller Lokationen der Organisation teilnehmen, eine Möglichkeit vor, diesem Problem auf der Unternehmensebene entgegenzuwirken (siehe Kategorie „Unternehmensstrategie, -vision und -werte"). Durch diese Workshops wird eine gemeinsame Vision in Form von Werten für die gesamte Organisation erzielt und standortübergreifende Kontakte und Zusammenarbeit gefördert. Grenzen zwischen Standorten werden so abgemildert und stattdessen das Gefühl gefördert, ein gemeinsames Team zu sein (Wir-Gefühl). Eine weitere Möglichkeit, Auswirkungen durch Grenzen zwischen verschiedenen Standorten abzumildern, ist nach Vax und Michaud (2008) das Ausweichen auf Nearshoring statt Offshoring. Nach Estler et al. (2012) sind die Kosten hierbei nicht notwendigerweise höher als beim Outsourcing, die Herausforderungen aufgrund von kulturellen Unterschieden sowie Zeitzonendifferenzen jedoch geringer und eine übergreifende Zusammenarbeit wird erleichtert.

Auf der Programm- und Projektebene (Kategorie „Programm- und Projektplanung) wird beispielsweise ein unternehmensweiter Programmplan zur Verbesserung einer (projekt-)übergreifenden Koordination und Priorisierung empfohlen (Bose 2008). Robarts (2008) geht besonders auf die Notwendigkeit ein, in Projekten in verteilten, globalen Teams ausreichend Puffer (sowohl Zeit als auch Budget) für damit verbundene zusätzliche Unwägbarkeiten einzuplanen. Beispiele hierfür sind Verzögerungen durch den Zoll oder allgemein längere Lieferzeiten in einigen Ländern (Beispiel Aufbau einer Infrastruktur, Versenden von Hardware), Verbindungsschwierigkeiten oder verschiedene Feiertage. Weiterhin betrifft der Ausfall eines Standortes, beispielsweise durch technische Schwierigkeiten oder Auswirkungen des Wetters, durch Abhängigkeiten in der Zusammenarbeit meist mehrere Lokationen zugleich (vgl. Robarts 2008).

Die meisten Beiträge in der untersuchten Literatur zu der Ebene der Unternehmensstrategie beziehen sich auf produktspezifische Handlungsempfehlungen (hier zusammengefasst in der Kategorie „Produktvision und -planung"). So sind bezogen auf das zu entwickelnde Produkt insbesondere eine einheitliche Produktvision und gemeinsame Ziele zu schaffen und im gesamten Team deutlich zu machen (Khmelevsky, Li und Madnick 2017; Razzak, Ahmed und Šmite 2013; Rubin und Rinard 2016; Summers 2008; Sutherland et al. 2009; Therrien, Elaine 2008; Vijayaraghavan, Sundararajan und Bhasi 2014). Realisiert werden könnte dies beispielsweise durch einen sogenannten „Sprint 0", der vor Beginn der eigentlichen Entwicklung durchgeführt wird oder in sogenannten „Inception Workshops". Dabei werden neben den Grundregeln der gemeinsamen Zusammenarbeit zunächst vor Allem die Produktvision, der Scope und das Produktbacklog erarbeitet (Dorairaj, Noble und Malik 2012; Näkki und Koskela-Huotari 2012; Therrien, Isabelle und LeBel 2009). Ist die Produktvision erarbeitet, gilt es, im Team ein möglichst gleiches Verständnis dessen sicherzustellen und Missverständnissen entgegenzuwirken, um Kosten durch Fehlentwicklungen zu vermeiden. Hierfür schlagen Kajko-Mattsson, Azizyan und Magarian (2010) sowie Summers (2008) regelmäßige Reisen des Product Owners zu allen Standorten vor, in denen er den jeweiligen Teammitgliedern die Produktvision und -ziele deutlich machen und ggf. Missverständnisse in Bezug auf die Anforderungen vermeiden oder ausräumen kann. Ein weiterer Vorschlag ist der Einsatz eines „Proxy Product Owner" am jeweiligen entfernten Standort, vertreten beispielsweise durch einen Senior Developer, der mit dem Product Owner eng zusammenarbeitet und ihn am jeweiligen Standort vertritt (Kajko-Mattsson, Azizyan und Magarian 2010).

Tabelle 2 stellt die Rahmenbedingungen und Handlungsoptionen der Ebene der Unternehmensstrategie und deren Ziel(e) in einer Übersicht dar.

Rahmenbedin-gung / Hand-lungsoption	Ziel	Quellennachweis
Unternehmensstrategie, -vision, -werte		
Nearshoring	Bei Entscheidung zu Outsourcing/Offshoring Auswirkungen durch kulturelle Unterschiede und Zeitzonendifferenzen verringern	Vax und Michaud (2008)
Vision- und Werte-Workshops	Wir-Gefühl erzeugen, Vision und Unternehmenswerte bekannt machen und verbreiten, gemeinsame Richtung deutlich machen	Paasivaara et al. (2018)
Programm- und Projektplanung		
Projektplanung: zusätzlichen Puffer/Overhead einplanen	Auswirkungen (z.B. Verzögerungen) durch Unvorhergesehenes minimieren	Robarts (2008)
Unternehmensweiter Programmplan	Verbesserung der Koordination zwischen Teams, projektübergreifende Priorisierung	Bose (2008)

Rahmenbedin-gung / Hand-lungsoption	Ziel	Quellennachweis
Produktvision und -planung		
Einheitliche Pro-duktvision, ein-heitliche Ziele	Gemeinsame Ausrich-tung, Produktivität er-möglichen oder erhö-hen, Teamarbeit ermög-lichen, Grundlage für Priorisierung von Auf-gaben, Rahmen für Selbstorganisation, Mo-tivation	Khmelevsky, Li und Madnick (2017), Lous, Kuhrmann und Tell (2017), Moe et al. (2015), Razzak, Ahmed und Šmite (2013), Rubin und Rinard (2016), Summers (2008), Sutherland et al. (2009), Therrien, Elaine (2008), Vijayarag-havan, Sundararajan und Bhasi (2014)
Sprint 0, Inception Workshops, erste Iteration(en) zur Finalisierung der Anforderungen und Entwurf Grob-Architektur	Produktscope, -vision, priorisiertes -backlog und Grundregeln der Zusammenarbeit entwi-ckeln, Sicherstellen des Verständnisses der An-forderungen	Dorairaj, Noble und Malik (2012), Näkki und Koskela-Huotari (2012), Ramesh, Mohan und Cao (2012), Therrien, Isabelle und Le-Bel (2009)
Proxy-Kunde, Proxy-Product-Owner, regelmä-ßige Reisen des Product Owner zu entfernten Stand-orten	Produktvision deutlich machen, Verständnis der Produktvision und -ziele sicherstellen, Miss-verständnisse in Bezug auf Produktanforderun-gen verringern	Kajko-Mattsson, Azizyan und Magarian (2010), Summers (2008)

Tabelle 2: Unternehmensstrategie im Rahmen virtueller Teamarbeit und Scrum

3.3 Ebene der Geschäftsprozesse

Die Rahmenbedingungen und Handlungsoptionen, die in der untersuchten Litera-tur zur Ebene der Geschäftsprozesse genannt werden, sind zur besseren Übersicht in drei Kategorien unterteilt. Grundlegende Voraussetzungen für die Zusammenar-beit, wie beispielsweise gemeinsame Grundregeln der Zusammenarbeit oder Trai-ning werden unter der Bezeichnung „Voraussetzungen und Rahmenbedingungen für Zusammenarbeit" aufgelistet. Die übrigen Empfehlungen wurden auf die bei-den Kategorien „Aufbauorganisation" und „Ablauforganisation" aufgeteilt. Inner-halb dieser beiden Kategorien ließen sich einige Handlungsoptionen weiter zusam-menfassen, da sich beispielsweise innerhalb der „Aufbauorganisation" mehrere Optionen auf Rollen und den Umgang damit beziehen.

Bezüglich der Ebene der Geschäftsprozesse erwähnen die meisten der untersuch-ten Beiträge grundlegende Herausforderungen und Handlungsoptionen, die hier in der Kategorie „Voraussetzungen und Rahmenbedingungen für Zusammenarbeit" zusammengefasst sind. In vielen Beiträgen wird auf die Notwendigkeit hingewiesen, trotz Verteilung des Teams auf unterschiedliche Zeitzonen durch Anpassen der Arbeitszeiten ein Zeitfenster zu schaffen, in dem synchrone Kommunikation und Zusammenarbeit möglich ist (vgl. z.B. Dreesen et al. 2016; Ramesh, Mohan und Cao 2012; Vijayaraghavan, Sundararajan und Bhasi 2014). Weiterhin haben, insbesondere in neu gebildeten Teams, Training, Coaching, Mentoring und Workshops eine große Bedeutung, um eine gemeinsame Basis von Methodenkompetenz und Wissen für die Zusammenarbeit aufzubauen (Bose 2008; Lous, Kuhrmann und Tell 2017; Paasivaara et al. 2018). Einer der vier Scrum-Werte („Working Software over comprehensive documentation", Fowler und Highsmith 2001, S. 2) schätzt zwar Dokumentation geringer ein als funktionierende Software, dennoch ist es im Rahmen verteilter Teamarbeit empfohlen, eine gute Balance zwischen informeller und formeller Dokumentation und Kommunikation zu finden (Bose 2008; Lous et al. 2018; Vijayaraghavan, Sundararajan und Bhasi 2014). Da ein großer Teil der Kommunikation in virtuellen Teams nicht Face-to-Face erfolgen kann, muss die Dokumentationsweise dahingehend angepasst werden, sodass schriftliche Kommunikation (wie beispielsweise Statusberichte oder technische Dokumentation) möglichst klar und ohne Rückfragen verständlich ist (Robarts 2008).

In der Kategorie der Aufbauorganisation wird allgemein eine flache Organisationsstruktur empfohlen, um eine agile Kultur und Selbstorganisation in Teams überhaupt zu ermöglichen (Bose 2008; Vijayaraghavan, Sundararajan und Bhasi 2014). Weiterhin ist für den Aufbau der möglichst nach Feature oder Funktion aufgeteilten Teams (Bose 2008; Mirachi et al. 2017) eine kleine Größe beizubehalten (Shameem et al. 2017; Yadav 2016) und auf Cross-Funktionalität der Mitglieder zu achten (Dorairaj, Noble und Malik 2012; Paasivaara et al. 2018). Auch sollte ein Team auf möglichst wenig verschiedene Standorte und insbesondere Zeitzonen verteilt werden, um die Zusammenarbeit innerhalb des Teams nicht zu erschweren (Hossain, Babar und Paik 2009; Vax und Michaud 2008). Die meisten Beiträge beschäftigen sich jedoch spezifischer mit den „Scrum-Rollendefinitionen und deren Anpassungen". Insbesondere die Einführung sogenannter Standortkoordinatoren, „Proxy-Product-Owner" oder „Feature Owner" werden häufig genannt, die die Brücke zu jeweils anderen Standorten darstellen und als Standortstellvertreter in den Großteil der standortübergreifenden Kommunikation eingebunden sind. Das Ziel dieser Maßnahme ist es einerseits das Verständnis und die Kommunikation zwischen den Standorten zu verbessern, andererseits aber auch zu vermeiden, dass das gesamte Team an allen Meetings teilnehmen muss (insbesondere, wenn sich diese Meetings über verschiedene Zeitzonen erstrecken) (Bose 2008; Ramesh, Mohan und Cao 2012; Yadav 2016). Hierzu ist innerhalb der untersuchten Beiträge jedoch auch die gegenteilige Meinung vertreten und es wird auf Missverständnisse (beispielsweise in Bezug auf die Produktanforderungen) durch indirekte statt direkte Kommunikation hingewiesen (Therrien, Elaine 2008). In der wissenschaftlichen Literatur besteht hier demnach ein Widerspruch. Ebenso gibt es in der Literatur gegenläufige Standpunkte zur Kopplung zwischen Standorten. Vijayaraghavan, Sundararajan und Bhasi (2014) propagieren z.B. eine minimale Kopplung zwischen Standorten, während Khmelevsky, Li und Madnick (2017) sich eher dafür aussprechen, auch zwischen den Standorten eng zusammenzuarbeiten, aufgrund der großen Bedeutung von Brainstorming und dem Austausch von Ideen in der agilen Arbeitsweise. Auch hier besteht also in der wissenschaftlichen Literatur ein Widerspruch.

Zur Kategorie der „Ablauforganisation" wird insbesondere auf klar definierte Prozesse und deren iterative Verbesserung (Beecham, Noll und Richardson 2014; Helquist et al. 2011), sowie auf Handlungsoptionen bezüglich der „Scrum Meetings und Artefakte" eingegangen. Hierbei meistgenannt ist das „Scrum of Scrums" für eine teamübergreifende Koordination und Übersicht (z.B. Dreesen et al. 2016; Khmelevsky, Li und Madnick 2017; Paasivaara, Durasiewicz und Lassenius 2009). Ergänzende oder auch andere Veranstaltungen ersetzende lokale Meetings können Optionen sein, um die Effizienz von Meetings zu verbessern und die Notwendigkeit von standort- und möglicherweise zeitzonenübergreifenden Meetings zu reduzieren. Beispielsweise können zusätzliche lokale Meetings mittels der standortintern möglichen Face-to-Face-Kommunikation zur Klarheit beitragen und Missverständnisse aufklären (Hossain, Babar und Paik 2009; Mirachi et al. 2017). Auch kann die Frequenz standortübergreifender „Daily Scrum" Meetings, kombiniert mit ergänzenden lokalen Meetings reduziert werden (Hossain et al. 2009; Robarts 2008).

Das Scrum-Framework bietet mit dem „Daily Scrum" Meeting täglich und mit der „Sprint Retrospective" am Ende eines jeden Sprints die Möglichkeit der Steuerung durch die Teammitglieder selbst. Auch der Kunde hat durch die im Scrum üblichen kurzen Iteration und das „Sprint Review" an deren Ende die Gelegenheit, sich früh und regelmäßig über den Stand des Produktes zu informieren und ggf. nachzusteuern. Das „Scrum of Scrums" erlaubt einen team- und ggf. produktübergreifenden Überblick, sowie Koordination und Steuerung.

Der Großteil der untersuchten Literatur empfiehlt Anpassungen von Scrum an virtuelle Teamarbeit, z.B. bezüglich der definierten Rollen, dem Durchführen der Scrum-Meetings oder auch in Bezug auf die Dokumentation, zusammengefasst in

Tabelle 3: Geschäftsprozesse im Rahmen virtueller Teamarbeit und Scrum. Mit Khmelevsky, Li und Madnick (2017) gibt es jedoch auch Vertreter für den Einsatz agiler Arbeitsmethoden in Reinform auch in einem verteilten Kontext, sodass in der wissenschaftlichen Literatur auch hierzu keine Einigkeit herrscht.

Die oben beschriebenen sowie darüber hinaus in der untersuchten Literatur genannten Rahmenbedingungen und Handlungsoptionen sind in der folgenden Tabelle zusammengefasst.

Rahmenbedingung / Handlungsoption	Ziel	Quellenanzahl
Ablauforganisation		
Klar definierte Prozesse und deren iterative Verbesserung	team- und standortübergreifende(s) Verständnis und Zusammenarbeit, kontinuierliche Anpassung und Verbesserung der Prozesse	3
Scrum Meetings und Artefakte		
Scrum of Scrums	Sicherstellen eines teamübergreifenden, ganzheitlichen Überblicks, „Big Picture", übergreifende Koordination	11
Ergänzende/ersetzende lokale Meetings	Meeting-Frequenz reduzieren, Effizienz verbessern	10
Vorbereitung vor Meetings	Meeting-Länge reduzieren, Effizienz von Meetings verbessern	8
Bereitstellen schriftlicher Zusammenfassungen von Meetings (E-Mail, Wiki)	Informationsverteilung sicherstellen, Information und Nachvollziehbarkeit auch für Nicht-Teilnehmende gewährleisten	5
Meeting-Moderator und -Agenda	Steigerung der Meeting-Effizienz, Fokus in Meetings sicherstellen	3
Regelungen zur Teilnahme in Meetings (Pflichtteilnahme, Schlüsselrollen, rotierende Rollen)	Sicherstellen der Teilnahme relevanter Mitglieder, Verbesserung der Meeting-Effizienz, Reduzierung der Teilnehmerzahl, Reduzierung von Überstunden durch Zeitzonenunterschiede	3
Einhaltung von Scrum-Meetings	Sicherstellen von häufiger/regelmäßiger Kommunikation	2
Synchrone Sprints	Vereinfachung der übergreifenden Statusübersicht, Koordination und Kontrolle, Teamwechsel ermöglichen, Arbeit eines Teams an mehreren Produkten ermöglichen	2

Rahmenbedingung / Handlungsoption	Ziel	Quellenanzahl
Ergänzende verteilte Meetings	Klärung offener Fragen, Verbesserung der standortübergreifenden Zusammenarbeit, besseres Verständnis	1
Kurze Iterationen	Schnelles Feedback, zielgerichtete Entwicklung, Vermeidung von Fehlentwicklungen	1
Technical Scrum	Klärung technischer Fragen, technisches Verständnis der Anforderungen sicherstellen (Voraussetzung für das Schätzen von Aufwand und Komplexität)	1
Aufbauorganisation		
Flache Organisationsstruktur	Ermöglichen einer agilen Kultur	2
Scrum-Rollendefinitionen und deren Anpassungen		
Standortkoordinatoren, Brückenbauer, Proxy-Rollen, Feature Owner	Verbesserung von Verständnis und Kommunikation zwischen Standorten, Verbesserung der Effizienz (z.B. Meeting-Teilnahme)	12
Klarheit und Einheitlichkeit von Rollendefinitionen (auch über Standorte hinweg)	Klarheit in Bezug auf Rollen, Verantwortlichkeiten und Zuständigkeiten, Vereinfachung der (standortübergreifenden) Zusammenarbeit	4
Skalierung der Rollen (Product Owner, Scrum Master)	Vermeidung von Überlastung einzelner Rollen und Verzögerungen	4
Zusätzliche technische Rollen (z.B. Integration Team, Architekten)	Abbau und Vermeiden technischer Schuld, Sicherstellen einer kohärenten Architektur	2
Teamaufbau		
Kleine Teamgröße	Vereinfachung der Kommunikation und Koordination innerhalb des Teams, Stärkung von Vertrauen, Teamzusammenhalt und Stabilität	6

Rahmenbedingung / Handlungsoption	Ziel	Quellenanzahl
Teamaufteilung nach Feature/Funktion	Reduzierung der Abhängigkeiten zwischen verschiedenen Teams, Arbeits- und Handlungsfähigkeit fördern	5
Verteilung eines Teams auf möglichst wenig Standorte	Minimale Kopplung zwischen Standorten, Risiko zu hoher Aufgabenverteilung reduzieren	5
Cross-funktionale Teams	Ermöglichen von ganzheitlicher Zielverantwortung und Lösungssicht, Förderung von Handlungsfähigkeit und Unabhängigkeit	4
Skalierung der Teams nach und nach (ähnlich dem Prinzip der Zellteilung)	Organisches Wachstum, Steigerung der Teamkohäsion, Verbesserung der Zusammenarbeit innerhalb der Teams	3
Standortausgewogenheit, Spiegeln von Rollen	Gegenpart für jede Rolle pro Standort, Verbesserung der Zusammenarbeit und des Verständnisses über Standorte hinweg, Verringerung der Abhängigkeiten und Kopplung zwischen Standorten	1
Voraussetzungen und Rahmenbedingungen für Zusammenarbeit		
Bei Zusammenarbeit über mehrere Zeitzonen hinweg: Angleichen der Arbeitszeiten	überlappende Arbeitszeitfenster vergrößern, Zusammenarbeit über Zeitzonen hinweg verbessern, Ermöglichen synchroner Zusammenarbeit und Kommunikation über Zeitzonen hinweg	21
Training (Coaching, Mentoring, Workshops, Communities of Practice)	Schaffen einer gemeinsamen Basis bezüglich Arbeitsmethoden und Skills	20
Wissenstransfer (z.B. Balance zwischen formeller und informeller Dokumentation, Buddy-System, Pair Programming)	Kontinuierlichen Wissensaustausch sicherstellen	15
Gemeinsame Grundregeln der Zusammenarbeit (z.B. „Spielregeln", Kommunkationsplan, Etikette, einheitliches Verständnis von Agilität)	Basis für Zusammenarbeit schaffen	14

Tabelle 3: Geschäftsprozesse im Rahmen virtueller Teamarbeit und Scrum

3.4 Ebene der Informations- und Kommunikationstechnologie

Für die Zusammenarbeit in virtuellen Teams hat Informations- und Kommunikationstechnologie, aufgrund der zu überbrückenden Distanzen, eine besondere Bedeutung (Shameem et al. 2017; Silva und Santos 2015). Dementsprechend hat der größte Teil der untersuchten Literatur (78 %) auf Herausforderungen und Handlungsoptionen dieser Ebene Bezug genommen. Da die Möglichkeit von Treffen von Angesicht zu Angesicht oft eingeschränkt oder gar nicht vorhanden ist, spielen insbesondere reichhaltige, qualitativ hochwertige und zuverlässige Kommunikationskanäle eine Rolle, um dies auszugleichen (Dorairaj, Noble und Allan 2013; Hossain, Babar und Paik 2009; Khmelevsky, Li und Madnick 2017; Matalonga, Solari und Matturro 2013; Razavi und Ahmad 2014; Shameem et al. 2017; Yadav 2016). So finden sich in der Literatur auch die meisten Beiträge zu Problemfeldern und Handlungsempfehlungen im Bereich Kommunikation und deren technischer Unterstützung (siehe Tabelle 4: Informations- und Kommunikationstechnologie im Rahmen virtueller Teamarbeit und Scrum).

Um die Vielzahl der in der untersuchten Literatur erwähnten Handlungsoptionen zu strukturieren, wurden diese zu vier Kategorien zusammengefasst. In der Kategorie „Basis" sind die Handlungsoptionen zusammengefasst, die grundlegende technische Voraussetzungen darstellen, um Zusammenarbeit und die übergeordneten Kategorien wie Kommunikation überhaupt zu ermöglichen. Die Kategorie „Kommunikation und Awareness" umfasst alle Handlungsoptionen zu synchronen und asynchronen Kommunikationskanälen, sowie Möglichkeiten zur gegenseitigen bewussten Wahrnehmung über Standorte hinweg (genannt „Awareness"). Unter dem Begriff „Koordination" finden sich Handlungsoptionen, die die gemeinsame Planung, Priorisierung und Koordination von Projekt(en) und Aufgaben sowie Visualierung und Übersicht dessen unterstützen. Die Handlungsoptionen der Kategorie „Kollaboration, Teilen von Wissen und Vernetzung" unterstützen insbesondere die synchrone, virtuelle Zusammenarbeit, das Finden und Teilen von Wissen, sowie das soziale Vernetzen von Menschen.

Um die Arbeitsfähigkeit eines virtuellen Teams sicherzustellen, gilt es zunächst, eine gemeinsame technische Basis herzustellen. Grundlegend hierbei sind eine stabile und zuverlässige Verbindung zwischen verschiedenen Standorten, sowie ausreichend Bandbreite für die Zusammenarbeit und Kommunikation (vgl. z.B. Dreesen et al. 2016; Garbajosa, Yagüe und Gonzalez 2014; Hanssen, Smite und Moe 2011; Hossain et al. 2009; Paasivaara et al. 2018; Persson, John und Schlichter 2015). Um eine zuverlässige und möglichst fehlerfreie Infrastruktur an allen

Standorten zu gewährleisten, empfiehlt Bose (2008) mit dem „rotating guru" einen reisenden Experten, der dies sicherstellt. Weiterhin empfehlen Hossain et al. (2009) ein kontinuierliches Monitoring der Verfügbarkeit und Zuverlässigkeit, um Handlungsfelder in der Basis-Infrastruktur rechtzeitig beheben zu können. Ist eine funktionierende Infrastruktur nicht gegeben, hat dies in einem verteilten Team negative Auswirkungen auf die Kommunikation und es folgt die Notwendigkeit von mehr gegenseitigen Besuchen (Kajko-Mattsson, Azizyan und Magarian 2010), für die entsprechender Zeit- und Kostenaufwand einzuplanen ist.

Die meistgenannten Empfehlungen zur technischen Basis eines virtuellen, agilen Teams beziehen sich auf die genutzten Werkzeuge und Verfahren, um das gemeinsame Entwickeln von Software zu vereinfachen. So sind beispielsweise ein gemeinsames Code-Repository inklusive Versionsmanagement, sowie automatisierte Verfahren zum Erstellen neuer Entwicklungsstufen von Software (genannt Builds) und deren Tests und Integration zu empfehlen (vgl. beispielweise Bose 2008; Dreesen et al. 2016; Lous et al. 2018; Shrinivasavadhani und Panicker 2008; Sutherland et al. 2008).

Die meisten Empfehlungen der Ebene Informations- und Kommunikationstechnologie beziehen sich auf Technologien zur Unterstützung der Kommunikation eines verteilten Teams. Der Kanal E-Mail und entsprechende Gruppenverteiler oder Mailing-Listen werden in vielen Beiträgen als Standard vorausgesetzt (vgl. z.B. Kajko-Mattsson, Azizyan und Magarian 2010; Lee und Yong 2010; Paasivaara, Durasiewicz und Lassenius 2009; Therrien, Isabelle und LeBel 2009; Vijayaraghavan, Sundararajan und Bhasi 2014), jedoch nicht unbedingt als bevorzugter Kanal empfohlen (Vax und Michaud 2008). Stattdessen werden, insbesondere in eher älteren Beiträgen, vor allem Telefon- und Webkonferenzen empfohlen (vgl. beispielsweise Bose 2008; Lee und Yong 2010; Paasivaara, Durasiewicz und Lassenius 2009; Yadav et al. 2009; Young und Terashima 2008), während in jüngeren Beiträgen vorrangig auf Videotelefonie und -konferenzen gesetzt wird (vgl. z.B. Dreesen et al. 2016; Kahya und Seneler 2018; Paasivaara et al. 2018; Ramesh, Mohan und Cao 2012; Yagüe et al. 2016). Eine Erklärung für diese zeitliche Entwicklung bietet möglicherweise das Aufkommen größerer Bandbreiten und der technische Fortschritt. Der Einsatz von Videotelefonie und -konferenzen zur Unterstützung der Kommunikation stellt die Handlungsempfehlung mit den meisten Nennungen (34) dar und kann daher als dringende Empfehlung verstanden werden. Der Einsatz möglichst großer Bildschirme (Garbajosa, Yagüe und Gonzalez 2014; Yagüe et al. 2016), sowie eines ergänzenden Mikrofons, das als sogenannter „Talking Stick" zum besseren

Verständnis an die Sprechenden weitergereicht werden kann (Sutherland et al. 2008), stellen weiterführende Praxisempfehlungen für die Umsetzung dar.

Ebenfalls häufig genannt in der Kategorie „Kommunikation und Awareness" werden Lösungen rund um Chat und Instant Messaging (vgl. beispielsweise Bose 2008; Lee und Yong 2010; Niinimäki 2011; Paasivaara, Durasiewicz und Lassenius 2009; Ramesh, Mohan und Cao 2012). Auch hierbei lässt sich eine technische Entwicklung feststellen. Zunächst konnten Werkzeuge für die synchrone oder asynchrone, eher informelle Kommunikation zwischen zwei Einzelpersonen genutzt werden (Niinimäki 2011). Bis heute haben sich diese Werkzeuge jedoch deutlich über diesen Zweck hinaus entwickelt, sodass auch gruppen- und kanalbasierte Chats möglich sind und Werkzeuge beispielweise für das Austauschen von Dateien oder das Teilen des Bildschirms integriert verfügbar sind (Beispiele hierfür sind die Produkte Slack oder Hipchat, letzteres ist jedoch mittlerweile eingestellt) (Khmelevsky, Li und Madnick 2017; Lous et al. 2018; Moe et al. 2015; Razzak und Ahmed 2014; Razzak und Šmite 2015).

In der Kategorie „Koordination" werden besonders häufig Werkzeuge zur Aufgabenverwaltung, sowie zur Visualisierung einer Projektstatusübersicht und allgemein Projektmanagement-Tools genannt (z.B. Hossain, Babar und Paik 2009; Lous et al. 2018; Paasivaara, Durasiewicz und Lassenius 2009; Shameem et al. 2017; Vijayaraghavan, Sundararajan und Bhasi 2014). Diese Werkzeuge unterstützen die strukturierte und zielgerichtete Zusammenarbeit insbesondere im Kontext virtueller Teams, in denen schnelle und direkte Abstimmung von (Teil-)Aufgaben und Status-Informationen durch die zu überbrückenden Distanzen erschwert ist. Spezielle Koordinationswerkzeuge sind Issue- und Bugtracking-Systeme, die auf die Koordination von Fehlern und deren Behebung spezialisiert sind. Zusätzlich ist zur besseren Vorausplanung ein gemeinsamer Kalender oder Teamkalender empfohlen, insbesondere, wenn verschiedene Kulturen und/oder Nationalitäten in der gemeinsamen Teamarbeit beteiligt sind. So können frühzeitig in Projekten verschiedene nationale Feiertage oder typische Urlaubs- und Abwesenheitszeiten eingeplant werden (Robarts 2008).

In der letzten und obersten Kategorie „Kollaboration, Teilen von Wissen und Vernetzung" werden Werkzeuge wie Wissensdatenbanken (Knowledge Bases), Wikis und Content Management Systeme als Standardtechnologien genannt (siehe Tabelle 4). Ebenfalls häufig genannt werden Techniken zum Teilen des Bildschirminhalts oder einzelner Applikationen, durch die z.B. standortinternes und -übergreifendes Pair Programming ermöglicht wird, das z.B. zum Austausch und Teilen von

Wissen empfohlen wird (Razzak und Ahmed 2014; Razzak und Šmite 2015; Sriram und Mathew 2012). Weiterhin kann diese Technik Telefon-, Video- oder Webkonferenzen als visuelles Hilfsmittel ergänzen. Um synchron in Echtzeit gemeinsam Ideen, Dokumente oder andere digitale Inhalte bearbeiten zu können, eignet sich ein virtuelles Whiteboard oder Innovation Board.

Erstreckt sich die virtuelle Teamarbeit über verschiedene Zeitzonen, so kann die Aufnahme von Konferenzen, Screensharing- oder Whiteboarding-Sessions und eine anschließende Bereitstellung der Aufnahme eine Möglichkeit sein, auch Teammitglieder zu erreichen, die sonst keine Gelegenheit haben, direkt teilzunehmen (Razzak, Ahmed und Šmite 2013; Robarts 2008; Sureshchandra und Shrinivasavadhani 2008).

Ein wesentliches Element von Scrum ist die kontinuierliche Verbesserung der Zusammenarbeit und der zugehörigen Prozesse (vgl. agiles Prinzip 12 nach Fowler und Highsmith 2001, S. 5). Um dies auch technisch abbilden zu können, schlagen Helquist et al. (2011) ein Schema vor, das eine iterative, dynamische und kollaborative Überarbeitung von Arbeitsabläufen und Prozessen erlaubt und legen vertiefende Forschung in diesem Gebiet nahe.

Insgesamt lässt sich feststellen, dass die Grenzen zwischen verschiedenen technischen Werkzeugen oder deren Kategorien z.T. verschwimmen. Ein Beispiel sind die weiter oben bereits genannten Chat-Lösungen (Slack und HipChat), die zusätzlich zur Kommunikation auch das Teilen von Dateien oder dem Bildschirm erlauben und somit ebenso der Kategorie „Kollaboration, Teilen von Wissen und Vernetzung" zugeordnet werden könnten. Ebenso werden Videotelefonie und -konferenzen und Chat-Lösungen oft nicht mehr klar gegeneinander abgegrenzt, sondern werden beide mit einem Produkt wie beispielsweise Microsoft Skype oder Teams abgedeckt, das darüber hinaus auch noch Kollaborationsfunktionen wie ein Wiki umfasst (Microsoft 2019).

In der folgenden Tabelle sind die Rahmenbedingungen und Handlungsoptionen der Ebene Informations- und Kommunikationstechnologie aus der untersuchten Literatur, deren Ziel sowie die Anzahl der jeweiligen Quellen zusammengefasst. Eine Version dieser Tabelle mit vollständigen Literaturnachweisen befindet sich in Anhang A – Informations- und Kommunikationstechnologie in virtuellen Scrum-Teams.

Rahmenbedingung / Handlungsoption	Ziel	Quellenanzahl
Kollaboration, Teilen von Wissen und Vernetzung		
Knowledge Base, Wiki, Content Management Systeme	Teilen und Finden von Wissen	23
Application/Desktop/Screen Sharing, Virtual Pair Programming	Visuelle Unterstützung, Ermöglichen von Pair Programming über Standorte hinweg	14
(virtual) Whiteboard, gemeinsam Dokumente bearbeiten, Innovation Boards	Visuelle Unterstützung, Visualisierung, Zusammenarbeit (synchron und asynchron)	13
Blog, Forum	Teilen von Wissen, Diskussion, Austausch	4
Social Intranet	Vernetzen, sozialer Kontakt und Austausch, Kennenlernen	2
Expertensuche	Finden von Expertenwissen	1
Koordination		
Aufgaben-/Taskverwaltung, Taskboards, Projektmanagement-Tools, Burndown Charts, Projekt Dashboards, (global) Scrumboards	Koordination von Aufgaben und Arbeitspaketen, Statusübersicht, Visualisierung	22
Issue / Bug Tracking System, Ticketsystem	Verwaltung von Fehlern und deren Status, Koordination der Behebung und Abhängigkeiten	19
Gemeinsames Backlog, eigenes Sprint Backlog je Team	Sammlung und Priorisierung von Entwicklungsaufgaben, Koordination der Entwicklung, Sprintziel	8
Geteilter Kalender, Teamkalender	Planung und Koordination	6
Kommunikation und Awareness		
Videokonferenzen, Videotelefonie	Reichhaltiger Kommunikationskanal, Verbesserung gegenseitigen Verständnisses, synchrone Kommunikation	34
Chat, Chatrooms, Teamchat, Instant Messaging	Informelle, synchron und asynchron nutzbare Kommunikationskanäle zwischen Einzelpersonen oder auch Gruppen	28
E-Mail, (geteilte) Mailinglisten	Standardkanal für asynchrone Kommunikation, oft eher formell	21

Rahmenbedingung / Handlungsoption	Ziel	Quellenanzahl
Telefonkonferenzen, Telefonie	Synchroner Kommunikationskanal	20
Webkonferenzen	Visuelle Unterstützung beispielsweise zusätzlich zu Telefonat oder Telefonkonferenz	14
Ständige Videoverbindung, Mirroring, Live Streaming	Verbesserung der Teamkohäsion, Wahrnehmung als ein Team, Teamgefühl	1
Basis		
Zentrales Code Repository, Versionsmanagement, Continuous Integration, Build- und Release-Management, automatisierte Builds, Integration und Tests	Gemeinsame Werkzeuge und Verfahren der Softwareentwicklung, Automatisierung, Vermeidung von Fehlern und Inkonsistenzen	18
Technikqualität und -zuverlässigkeit, Bandbreite, Verfügbarkeit, kontinuierliches Monitoring	Gute Verbindungsqualität (Sprache, Bild), Zuverlässigkeit und Stabilität der Verbindungen und Tools, bedarfsgerechte Werkzeuge	15
Einigung auf technische Standards (z.B. Coding Standards), einheitliche Entwicklungsumgebung	Ermöglichen von Zusammenarbeit und Arbeitsteilung, Wiederverwendbarkeit von Code	9
Training, Workshops, Communities of Practice	Gemeinsame Basis an Fähigkeiten, Aufbau, Erhalt und Weitergabe von Wissen	8
Allgemeine Technikverfügbarkeit, Vorhandensein, Vorbereitung	Arbeitsfähigkeit herstellen, flexibles Arbeiten ermöglichen (z.B. Home-Office)	4

Tabelle 4: Informations- und Kommunikationstechnologie im Rahmen virtueller Teamarbeit und Scrum

3.5 Ebene der kulturellen Faktoren

Die Rahmenbedingungen Handlungsoptionen der untersuchten Literatur zur Ebene der kulturellen Faktoren wurden ebenfalls zur besseren Übersicht in drei Kategorien geordnet. Als Basis sind die Bedingungen und Optionen zu persönlichen und individuellen Themen wie Vertrauen und soziale Beziehungen unter den Begriffen „Vertrauen, Socializing und Teambuilding" zusammengefasst. Darüber befinden sich in der Kategorie „Unterschiede in (nationalen) Kulturen" die Handlungsoptionen, die sich auf die Minderung der Effekte durch allgemeinere Faktoren wie kulturelle Unterschiede beziehen. Zuoberst sind in der Kategorie „Führung, Macht und Kontrolle" die Gestaltungsmöglichkeiten durch Führung, sowie Kontrollmechanismen zusammengefasst.

Im Rahmen der kulturellen Faktoren beschäftigen sich die meisten Beiträge zu virtueller Teamarbeit in Scrum-Teams mit Maßnahmen zum Aufbau von Vertrauen und sozialen Kontakten, sowie Teambuilding (Kategorie „Vertrauen, Socializing und Teambuilding"). Auch im Kontext virtueller Teamarbeit spielen hierfür Besuche vor Ort in verschiedenen Ausprägungen eine wesentliche Rolle. So sollte die virtuelle Zusammenarbeit insbesondere in der Anfangsphase, aber auch weiterhin regelmäßig von gegenseitigen Besuchen begleitet werden, um ein Kennenlernen und gegenseitiges Verständnis zu ermöglichen und Vertrauen und soziale Beziehungen aufbauen zu können (Dorairaj und Noble 2013; Kahya und Seneler 2018; Paasivaara et al. 2018). Eine Möglichkeit, diese Besuche zu institutionalisieren, ist das Etablieren einer Rotation von Teammitgliedern aller Standorte über die jeweils entfernten Lokationen (Dreesen et al. 2016; Hossain et al. 2009; Lous, Kuhrmann und Tell 2017). Um Einzelbesuche zu vertiefen, bietet sich eine Zusammenarbeit an einem Standort für mehrere Wochen oder mehrere Sprints an (Hossain et al. 2009; Modi, Abbott und Counsell 2013; Ramesh, Mohan und Cao 2012). Eine Ergänzung, die sich meist hauptsächlich auf den sozialen Austausch und die Förderung des Teamzusammenhalts konzentriert, bieten Teambuilding-Events (Kajko-Mattsson, Azizyan und Magarian 2010; Lous, Kuhrmann und Tell 2017; Shameem et al. 2017).

Herausforderungen durch „Unterschiede in (nationalen) Kulturen" werden in der untersuchten Literatur sehr häufig beschrieben, in einigen dieser Beiträge werden auch Lösungsmöglichkeiten vorgeschlagen. So ist es nach Aston, Laroche und Meszaros (2008) sowie Persson, John und Schlichter (2015) zunächst sinnvoll, bestehende kulturelle Unterschiede beispielsweise mittels „Cultural Awareness" Fragebögen zu analysieren. Dies ermöglicht ein Bewusstsein für und einen bewussten Umgang mit ebendiesen Unterschieden, wie auch Bose (2008) empfiehlt. Sind die bestehenden Unterschiede und damit verbundene Herausforderungen klar, lassen sich diese mit verschiedenen Handlungsoptionen mindern. Beispiele für solche Optionen sind gezieltes Mentoring, Coaching, Training, der Einsatz von Mediatoren (Bose 2008; Kajko-Mattsson, Azizyan und Magarian 2010; Persson, John und Schlichter 2015), Sprachtraining (Dreesen et al. 2016; Kajko-Mattsson, Azizyan und Magarian 2010) oder auch hier wiederum regelmäßige gegenseitige Besuche (Sutherland et al. 2008). Zum Umgang mit Sprachbarrieren sind weitere Handlungsempfehlungen dokumentiert, wie beispielsweise die Vermeidung dieser Barriere durch Kommunikation über Proxy- oder Schlüsselpersonen mit entsprechenden sprachlichen Fähigkeiten (Shrinivasavadhani und Panicker 2008). Weiterhin kann diese Barriere durch ein Ausweichen auf schriftliche (Paasivaara, Durasiewicz und Lassenius 2009; Shrinivasavadhani und Panicker 2008), aber eher informelle (Razzak und Ahmed 2014) Kommunikationskanäle abgemildert werden.

In der Kategorie „Führung, Macht und Kontrolle" ist besonders der Einfluss durch einen partizipativen Führungsstil (Vijayaraghavan, Sundararajan und Bhasi 2014) und effektive Führung (Dorairaj, Noble und Allan 2013; Shameem et al. 2017), sowie die Unterstützung und Förderung einer agilen Kultur durch das Management als Vorbild bedeutend (vgl. zusätzlich Lous, Kuhrmann und Tell 2017; Silva und Santos 2015; Therrien, Elaine 2008). Weiterhin relevant sind diesbezüglich die Förderung der Unternehmenskultur durch das Management (Lous et al. 2018), das Schaffen einer positiven Fehlerkultur (Bose 2008), sowie Offenheit und das Aufbrechen hierarchischer Beziehungen (Kajko-Mattsson, Azizyan und Magarian 2010), um das Prinzip der Selbstorganisation und eine agile Kultur zu unterstützen. Persson, John, Aaen und Mathiassen (2008) beschäftigen sich mit Möglichkeiten der Ausübung formaler und informeller Kontrolle im Rahmen verteilter, agiler Teamarbeit, insbesondere vermittelt über Kommunikationstechnologie. Sie beobachten (vor Allem über Chat-Protokolle), dass beide Formen auch in diesem Kontext genutzt werden, informelle, clan-ähnliche Formen der Kontrolle jedoch überwiegen. Diese Beobachtung wird von Persson, John Stouby, Mathiassen und Aaen (2012) bestätigt. Im Rahmen von Offshoring stellen die hierzu geschlossenen Verträge und enthaltene Spezifikationen zu Zielen, Erfolgsmessungen und Verfahren ein Beispiel für einen formellen Kontrollmechanismus dar (Persson, John Stouby, Mathiassen und Aaen 2012).

Ein Steuerungs- und insbesondere Messinstrument für den wesentlichen Erfolgsfaktor der Team-Motivation (Silva und Santos 2015) stellt die regelmäßige Durchführung und Auswertung von Umfragen zur Mitarbeiterzufriedenheit dar (Persson, John und Schlichter 2015).

Die oben beschriebenen sowie weitere, in der untersuchten Literatur erwähnten Rahmenbedingungen und Handlungsoptionen zur Ebene der kulturellen Faktoren sind in der folgenden Tabelle zusammengefasst.

Rahmenbedingung / Handlungsoption	Ziel	Quellenanzahl
Führung, Macht und Kontrolle		
Partizipativer Führungsstil, Förderung von Selbstorganisation, Offenheit und Aufbrechen hierarchischer Beziehungen, Leadership-Team mit agilem Mindset, Förderung der Unternehmenskultur durch CTO, Schaffen einer einheitlichen Kultur über Teams hinweg	Förderung der agilen Kultur	9
Berücksichtigung menschlicher Faktoren und der Team-Chemie bei Neueinstellungen	Stärkung des Teamzusammenhalts, Sicherstellen der Leistungsfähigkeit des Teams	2
Fehlerkultur, positiver Umgang mit Fehlern, Belohnung/Bestrafung auf Teamebene statt individuell	Förderung von Weiterentwicklung und Verbesserung, Stärkung des Teamgefühls	2
Umfragen zu Mitarbeiterzufriedenheit	Messen und Verbessern der Zufriedenheit und Motivation	2
Einsatz einer starken Projektleitung	Verbesserung der übergreifenden Koordination und des Projekterfolgs	1
Unterschiede in (nationalen) Kulturen		
Cultural Awareness Fragebögen/Workshops, bewusste Auseinandersetzung mit kulturellen Unterschieden, Einsatz von Kultur-Experten	Kulturbewusstsein schaffen, Bewusstmachen der Unterschiede	3
Gezieltes Coaching, Training, Mentoring, Einsatz von Mediatoren	Verbessern des Umgangs mit kulturellen Unterschieden, Verbessern des gegenseitigen Verständnisses, Förderung der Zusammenarbeit	3
schriftliche Kommunikation oder Kommunikation über Proxy-/Schlüssel-Personen	Verringern/Vermeiden der Sprachbarriere	2
Sprachtraining	Verringern der Sprachbarriere	2
Einschränken der Wahl der Offshore-Lokation auf Länder mit ähnlicher Kultur	Verringern/Vermeiden kultureller Unterschiede	1

Rahmenbedingung / Handlungsoption	Ziel	Quellenanzahl
Gemeinsame (standortübergreifende) Vorausplanung	Berücksichtigung verschiedener nationaler Feiertage und Urlaubs-/Abwesenheitssaisons	1
Informelle Kommunikation	Verringern der Auswirkungen durch Sprachbarriere, Verbessern des gegenseitigen Verständnisses	1
Regelmäßige Besuche	Gegenseitiges Kennenlernen und Verständnis, Aufbau von Vertrauen, Kennenlernen der Kulturen, Förderung der Zusammenarbeit	1
Schaffen einer Unternehmenskultur der Offenheit und gleicher Werte über Standorte hinweg	Förderung der Teamkultur	1
Verteilung des Teams nach und nach	Reduzieren kultureller Differenzen	1
Vertrauen, Socializing und Teambuilding		
Besuche vor Ort (initial und regelmäßig)	Gegenseitiges Kennenlernen und Verständnis, Aufbau von Vertrauen	22
Rotation über Standorte	Gegenseitiges Kennenlernen und Verständnis, Aufbau von Vertrauen, Förderung der Zusammenarbeit	11
Besuche für mehrere Wochen, Zusammenarbeit co-lokal für einige Sprints	Gegenseitiges Kennenlernen und Verständnis, Aufbau von Vertrauen, Förderung der Zusammenarbeit	9
Team-Building-Events	Gegenseitiges Kennenlernen und Verständnis, Aufbau von Vertrauen, Förderung der Zusammenarbeit und des Teamzusammenhalts	9
Fotos, Fotowand	Gegenseitiges Kennenlernen, Aufbau von Vertrauen	4

Rahmenbedingung / Handlungsoption	Ziel	Quellenanzahl
Softskill-Training	Förderung der sozialen Kompetenz, Verbesserung der Zusammenarbeit	4
Virtuelle Team-Building Events, virtuelle Party, Social Ludic Activities (z.B. Spiele)	Gegenseitiges Kennenlernen und Verständnis, Aufbau von Vertrauen, Förderung der Zusammenarbeit und des Teamzusammenhalts	3
Vorstellen neuer Teammitglieder per Web-/Videokonferenz	Gegenseitiges Kennenlernen und Verständnis, Aufbau von Vertrauen erleichtern	3
Zusätzliche Zeit in Meetings einplanen für Socializing	Förderung sozialen Austauschs, Verbesserung der Zusammenarbeit und Aufbau von Vertrauen	3
Botschafter-Programm	Verbessern des Verständnisses über Standorte hinweg	2
Häufige und regelmäßige Kommunikation, substanzielles und ehrliches Feedback	Verbesserung des gegenseitigen Verständnisses, Aufbau von Vertrauen, Verbesserung der Zusammenarbeit	2
Vorstellen und Einführung neuer Teammitglieder über Mentor	Gegenseitiges Kennenlernen und Verständnis, Aufbau von Vertrauen erleichtern	2
Mirroring, Live-Streaming, ständige Videoverbindung zwischen Standorten	Förderung der gegenseitigen Wahrnehmung, Stärkung des Teamgefühls, Erzeugen von Nähe	1
Synchrone Arbeitszeiten	Ermöglichen von synchroner Kommunikation und sozialem Austausch	1

Tabelle 5: Kulturelle Faktoren im Rahmen virtueller Teamarbeit und Scrum

3.6 Rahmenwerk der Einflussfaktoren und Handlungsoptionen

Nach Analyse und Synthese der Beiträge zu Rahmenbedingungen und Handlungsoptionen bezüglich virtueller Teamarbeit in Scrum-Teams, werden die Empfehlungen der verschiedenen Ebenen des B*IMA-Modells (vgl. Baumöl 2008, S. 48) zu einem Rahmenwerk zusammengefügt, das eine ganzheitliche Sicht ermöglicht (siehe Abbildung 7). In diesem Rahmenwerk sind die Ebenen des B*IMA-Modells und die zugehörigen Kategorien der jeweiligen Handlungsempfehlungen abgebildet. Die detaillierten Rahmenbedingungen und Handlungsoptionen einer jeden Ebene können in den zugehörigen Kapiteln 3.1 bis 3.5 nachvollzogen werden. Neben den Kategorien der Handlungsempfehlungen werden auch die in der untersuchten Literatur erwähnten und ebenfalls in den zugehörigen Kapiteln näher beschriebenen Steuerungsmöglichkeiten auf der Höhe der betroffenen Ebene dargestellt. Der Kontext einer Organisation wird zugunsten der Vollständigkeit des Modells zwar abgebildet, jedoch wird in keinem der einbezogenen Beiträge näher darauf eingegangen.

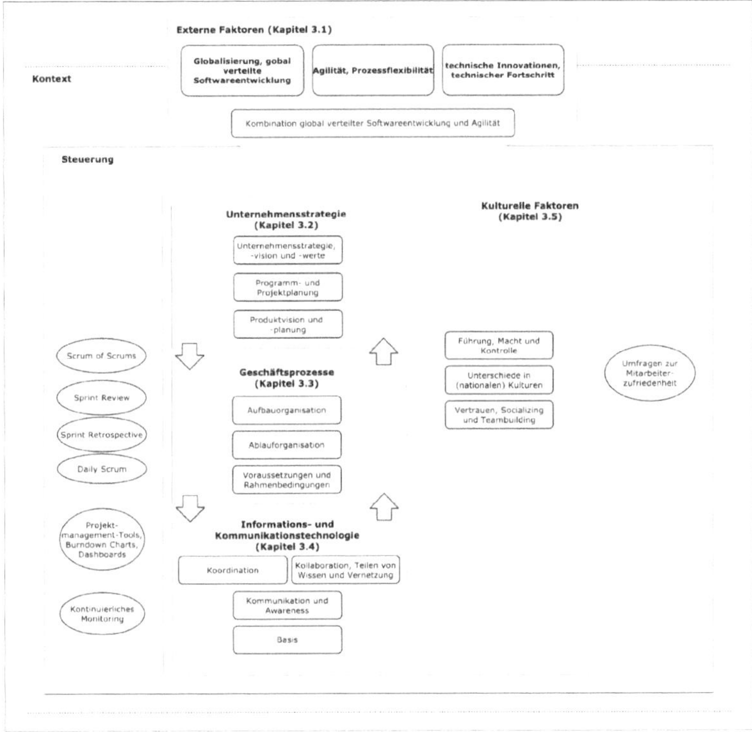

Abbildung 7: Rahmenwerk der Handlungsoptionen zu virtueller Teamarbeit in Scrum-Teams
(vergrößerte Darstellung am Ende des Textes)

Um virtuelle Teamarbeit in Scrum-Teams und entsprechende Handlungsoptionen ganzheitlich zu betrachten, sind nicht nur die einzelnen Ebenen im B*IMA-Modell (vgl. Baumöl 2008, S. 48) für sich zu betrachten. Auch zwischen den verschiedenen Ebenen gibt es Wechselwirkungen und Einflüsse. So haben beispielsweise die externen Trends der Globalisierung, sowie neue technische Möglichkeiten durch Innovationen auf der strategischen Ebene mancher Unternehmen die Entscheidung zu Outsourcing, Offshoring oder Nearshoring zur Folge, wie in Kapiteln 3.1 und 3.2 beschrieben. Diese Entscheidung hat wiederum weitreichende Auswirkungen auf die Ebene der Geschäftsprozesse, da hier durch geografische und kulturelle Distanzen sowie Zeitzonendifferenzen Herausforderungen in der standortübergreifenden Zusammenarbeit bewältigt und die Prozesse entsprechend angepasst werden müssen (siehe Kapitel 3.3). Aus der Notwendigkeit, sowohl synchrone als auch asynchrone Formen der Zusammenarbeit über zeitliche, räumliche und kulturelle

Distanzen zu ermöglichen, folgen ebenso besondere Anforderungen an die zugrundeliegende Informations- und Kommunikationstechnologie, näher beschrieben in Kapitel 3.4 (ein Beispiel ist z.B. die Möglichkeit, Konferenzen für Nichtteilnehmende aufnehmen und bereitstellen zu können). Schlechte und/oder unzuverlässige Kommunikationsverbindungen können eine Ursache für reduzierte Kommunikation zwischen Standorten und Missverständnisse sein. Dies wirkt sich wiederum auf das Verständnis der Anforderungen und der Produktvision, aber auch auf das Verständnis und die sozialen Verbindungen der Teammitglieder untereinander aus. Durch neue technische Möglichkeiten wie beispielsweise reichhaltige Kommunikationskanäle und entsprechend verfügbare Bandbreiten oder durch Social Networks lassen sich durch Informations- und Kommunikationstechnologie jedoch insgesamt die kulturellen Faktoren zunehmend besser unterstützen.

4 Evaluation und kritische Reflexion

Im Rahmen dieser Arbeit und auf Basis der wissenschaftlichen Literatur der letzten zehn Jahre konnten viele Rahmenbedingungen und Handlungsoptionen aufgedeckt werden, die für erfolgreiche virtuelle Teamarbeit in Scrum-Teams notwendig sind bzw. diese verbessern können. Mit dem erstellten Rahmenwerk konnten alle Organisationsebenen sowie externe Einflussfaktoren nach dem B*IMA-Modell (vgl. Baumöl 2008, S. 48) berücksichtigt und Rahmenbedingungen sowie Handlungsoptionen übersichtlich und mit Praxisbezug dargestellt werden. Die hohe Anzahl berücksichtigter Beiträge und daraus folgend vielseitige Inhalte stellen die Stärke dieser Arbeit dar. So kann sie als umfangreicher Katalog von Möglichkeiten zur Verbesserung virtueller Teamarbeit in Scrum-Teams verstanden werden. Es wird eine Anregung für die Praxis auf der Basis der wissenschaftlichen Literatur geliefert, die gezielt auf die unterschiedlichen Ebenen einer Organisation eingeht und zur Erreichung bestimmter Ziele jeweils bestimmte Optionen vorschlägt. Eine Schwäche dieser Arbeit besteht jedoch darin, dass die notwendigen Voraussetzungen und der Erfolg dieser genannten Optionen bisher nicht gleichermaßen erforscht sind, sodass eine vollständige Umsetzung der genannten Maßnahmen nicht generell empfohlen werden kann und darüber hinaus ggf. nicht wirtschaftlich ist. Zu einigen Handlungsoptionen gibt es dementsprechend viele, zu einigen jedoch nur wenige Nachweise in der Literatur. Die Anzahl der Nachweise je Handlungsoption kann ein Kriterium für die Auswahl bestimmter Optionen vor anderen sein. Es ist jedoch sinnvoll die aufgedeckten Optionen und deren Erfolg mit entsprechender Forschung abzusichern. Dies sollte durch empirische Forschung sowohl quantitativ (z.B. Vorher-Nachher-Vergleich von Kennzahlen, wie der Menge der pro Sprint umgesetzten Anforderungen), als auch qualitativ (beispielsweise mittels Umfragen) belegt werden. Idealerweise können so auch Effekte verschiedener Maßnahmen zur Erreichung desselben Ziels vergleichbar gemacht und gegeneinander priorisiert werden. Auch ist weitere Forschung notwendig, um die Widersprüche in der wissenschaftlichen Literatur, insbesondere bezüglich der Ebene der Geschäftsprozesse, aufzulösen.

Insbesondere wenn sich ein Scrum-Team über sehr verschiedene Zeitzonen verteilt, sind die negativen Auswirkungen auf die Work-Life-Balance der Mitglieder zu berücksichtigen, die sich durch das Angleichen der Arbeitszeiten für eine möglichst große zeitliche Überlappung der Standorte ergibt (Robarts 2008). Verstärkt werden diese Auswirkungen dadurch, dass die Teammitglieder in manchen Ländern keine Möglichkeit haben, an Meetings von zu Hause aus teilzunehmen, da die notwendige Infrastruktur wie beispielsweise eine Internetanbindung fehlt. Weiterhin ist es zwar empfohlen, möglichst viele Kanäle zur Information und Kommunikation mittels Technologie bereitzustellen, dies stellt jedoch die Gefahr einer zu großen und unstrukturierten Zerstreuung von Informationen („information scattering") dar, sodass hier Sorge zu tragen ist, dass das Finden von Informationen nicht durch zu große oder unübersichtliche Verteilung beeinträchtigt wird (Rubin und Rinard 2016).

Durch die Vielzahl der Herausforderungen, die es für ein virtuelles Scrum-Team zu bewältigen gilt, sowie die dafür erforderlichen Maßnahmen und damit verbundene Kosten ist es insgesamt fraglich, ob das Ziel der globalen Verteilung eines Teams, Kosten einzusparen erreicht werden kann (Phalnikar, Deshpande und Joshi 2009).

5 Fazit

Die wichtigsten Erkenntnisse werden in diesem Kapitel noch einmal zusammengefasst. Hierzu sind die in Kapitel 4 beschriebenen Stärken und Schwächen dieser
Arbeit zu berücksichtigen.

> F1: Welche Rahmenbedingungen müssen erfüllt sein, damit ein Scrum-Team erfolg-
> reich virtuell arbeiten kann?

Die wichtigsten Rahmenbedingungen nach Analyse der untersuchten wissenschaftlichen Literatur sind eine möglichst geringe Zeitzonendifferenz bzw. das
Schaffen eines möglichst großen Zeitfensters für synchrone Zusammenarbeit und
Kommunikation (vgl. beispielsweise Dreesen et al. 2016; Kajko-Mattsson, Azizyan
und Magarian 2010; Ramesh, Mohan und Cao 2012). Ebenso spielen Besuche zum
gegenseitigen Verständnis, Aufbau von Vertrauen (vgl. z.B. Bose 2008; Dorairaj und
Noble 2013; Sutherland et al. 2008), aber auch zum Verständnis der Produktvision
und der Anforderungen (Kajko-Mattsson, Azizyan und Magarian 2010; Summers
2008) eine wesentliche Rolle, sodass das hierfür notwendige Budget für Reisekosten, als auch entsprechend benötigte Zeit zur Verfügung gestellt werden sollte. Weiterhin sollte zur Optimierung der Zusammenarbeit eines virtuellen Teams bei Bedarf Budget für Training, Coaching und insbesondere Sprachtraining (Dreesen et
al. 2016; Kajko-Mattsson, Azizyan und Magarian 2010; Persson, John und Schlichter 2015) bereitgestellt werden. Ebenfalls eine wesentliche Voraussetzung, damit
beispielsweise reichhaltige Kommunikation und Zusammenarbeit über verschiedene Standorte hinweg möglich ist, ist die zur Verfügung stehende Informations-
und Kommunikationstechnologie (Shameem et al. 2017; Silva und Santos 2015),
wobei allerdings die Anmerkungen von Rubin und Rinard (2016) zum „Information
Scattering" zu beachten sind. Die wichtigsten Rahmenbedingungen hierbei sind die
generelle Verfügbarkeit der Technologie, eine hohe Bandbreite sowie Zuverlässigkeit (Hossain et al. 2009; Kajko-Mattsson, Azizyan und Magarian 2010; Paasivaara
et al. 2018). Als organisatorische Rahmenbedingungen werden eine flache Organisationsstruktur (Vijayaraghavan, Sundararajan und Bhasi 2014), sowie eine Unternehmenskultur der Offenheit mit gleichen Werten über Standorte hinweg empfohlen (Shameem et al. 2017; Sutherland et al. 2008). Weiterhin unterstützen ein par-
tizipativer Führungsstil (Vijayaraghavan, Sundararajan und Bhasi 2014), sowie die
Förderung einer agilen Kultur und Arbeitsweise durch das Management (Dorairaj,
Noble und Allan 2013; Lous, Kuhrmann und Tell 2017; Shameem et al. 2017) die
erfolgreiche virtuelle Teamarbeit in Scrum-Teams.

F2: Welche Handlungsoptionen gibt es, um virtuelle Teamarbeit in Scrum-Teams zu verbessern?

Ergänzend zu den genannten Rahmenbedingungen kann virtuelle Teamarbeit in Scrum-Teams durch die folgenden Handlungsoptionen unterstützt werden. Auf der Ebene der Unternehmensstrategie werden die wesentliche Bedeutung einer einheitlichen Produktvision, sowie gemeinsamer Ziele am häufigsten genannt (Khmelevsky, Li und Madnick 2017; Rubin und Rinard 2016; Vijayaraghavan, Sundararajan und Bhasi 2014). Die Grundlage hierfür kann durch die in Kapitel 3.2 beschriebenen „Sprint 0", „Inception Workshops" oder Erarbeitung der Produktvision und Grobarchitektur in ersten Iterationen gelegt werden (Dorairaj, Noble und Malik 2012; Ramesh, Mohan und Cao 2012; Therrien, Isabelle und LeBel 2009). Für ein Verständnis dieser Produktvision und der gemeinsamen Ziele kann die Rolle des Proxy-Kunden oder Proxy-Product-Owner an entfernten Standorten ergänzt bzw. Reisen des Product Owner zu den entsprechenden Standorten durchgeführt werden (Kajko-Mattsson, Azizyan und Magarian 2010; Summers 2008). Auf der Ebene der Geschäftsprozesse wird eindeutig die Bedeutung eines gemeinsamen Zeitfensters hervorgehoben, wie auch bereits unter den genannten Rahmenbedingungen erwähnt. Geschaffen werden kann dies durch Angleichen der Arbeitszeiten, sodass ein möglichst großes Zeitfenster für die synchrone Zusammenarbeit und Kommunikation entsteht (Dreesen et al. 2016; Kajko-Mattsson, Azizyan und Magarian 2010; Ramesh, Mohan und Cao 2012). Hierbei sind jedoch die Einschränkungen der Work-Life-Balance zu beachten und eine verträgliche Einigung sollte gefunden werden (Bose 2008; Robarts 2008). Ebenso wesentlich ist das Herstellen einer gemeinsamen Basis bezüglich Methodenkompetenz und Wissen, die durch Training gefördert werden sollte (Kajko-Mattsson, Azizyan und Magarian 2010; Lee und Yong 2010; Shameem et al. 2017). Weiterhin gilt es, die Rollen (z.B. Proxy-Rollen, zusätzliche Rollen) (Lous, Kuhrmann und Tell 2017; Ramesh, Mohan und Cao 2012) und Meetings (z.B. ergänzende lokale Meetings, Reduzierung der Frequenz der standortübergreifenden Meetings) (Bose 2008; Mirachi et al. 2017) an den virtuellen Kontext anzupassen. Die Mehrheit der untersuchten Beiträge empfiehlt eine Balance zwischen formalem und flexiblem, informellem Vorgehen (beispielsweise in Bezug auf Dokumentation) (Lous et al. 2018; Ramesh, Mohan und Cao 2012; Robarts 2008), hierzu herrscht allerdings keine Einigkeit (Khmelevsky, Li und Madnick 2017). Auch bezüglich der Implementierung der sogenannten Proxy-Rollen gibt es in der wissenschaftlichen Literatur noch einen Widerspruch (Therrien, Elaine 2008). Die meistgenannten Technologien zur Unterstützung virtueller Teamarbeit in Scrum-Teams sind Videotelefonie/-konferenzen, Chat-Lösungen, Wissensmanagementlösungen wie z.B. Wikis, sowie Systeme für Aufgabenverwaltung, Projektmanagement und -visualisierung (vgl. Kapitel 3.4). Auf der Ebene der kulturellen Faktoren sind die wesentliche Bedeutung gegenseitiger Besuche (Kahya und Seneler 2018; Lee und Yong 2010), Phasen co-lokaler Zusammenarbeit (Modi, Abbott und Counsell 2013; Ramesh, Mohan und Cao 2012), sowie Rotation über Standorte (Kajko-Mattsson, Azizyan und Magarian 2010; Lous, Kuhrmann und Tell 2017), ergänzt durch Teambuilding-Events (Lous, Kuhrmann und Tell 2017; Paasivaara, Durasiewicz und Lassenius 2009) hervorzuheben.

In der wissenschaftlichen Literatur am besten und ohne Widersprüche abgedeckt ist die Ebene der Informations- und Kommunikationstechnologie. Ebenfalls widerspruchsfrei sind die Ebenen der externen Einflüsse, der Unternehmensstrategie und der kulturellen Faktoren. Auch konnten einige Steuerungselemente aufgedeckt werden. Weitere Forschung ist jedoch notwendig, um die erwähnten Widersprüche der Ebene der Geschäftsprozesse aufzulösen und die genannten Handlungsoptionen, insbesondere solche, die weniger häufig genannt werden, auf Effektivität zu überprüfen. Eine weitere, konkrete Anregung für weitere Forschung liefern Helquist et al. (2011), indem sie den Grundstein für die Entwicklung eines Tools zur kontinuierlichen und kollaborativen Weiterentwicklung der Geschäftsprozesse legen.

Insgesamt gibt es Belege dafür, dass virtuelle Teamarbeit in Scrum-Teams erfolgreich möglich ist bzw. agile Arbeitsweisen im Rahmen verteilter Teamarbeit angewendet werden können, aber Anpassungen notwendig sind (Batra, VanderMeer und Dutta 2011; Lous, Kuhrmann und Tell 2017; Ramesh, Mohan und Cao 2012). Diese Arbeit kann eine Vielzahl von Optionen zur Verbesserung dieser virtuellen Zusammenarbeit in Scrum-Teams und Anwendung in der Praxis beitragen. Eine geografische, zeitliche und/oder kulturelle Verteilung eines Teams stellt jedoch in jedem Fall zu überwindende Grenzen dar und sollte, wenn möglich, vermieden werden (Paasivaara, Durasiewicz und Lassenius 2009). Da zum Erreichen einer erfolgreichen Zusammenarbeit über diese Grenzen hinaus Investitionen (genannte Beispiele sind Technologie, Reisekosten, Training) notwendig sind, sowie Zusatzkosten zu erwarten sind, sollte virtuelle Teamarbeit nicht aus der Motivation der Kostenreduzierung angestrebt werden (Phalnikar, Deshpande und Joshi 2009). Eine mögliche Realisierung der alternativen Ziele wie den Zugriff auf einen größeren Talentpool oder eine größere Markt- und Kundennähe und schnellere Markteinführungszeiten (Phalnikar, Deshpande und Joshi 2009; Robarts 2008) ist hingegen möglich.

Anhang

Anhang A – Informations- und Kommunikationstechnologie in virtuellen Scrum-Teams

Technologie	Ziel	Quellen
Kollaboration, Teilen von Wissen und Vernetzung		
Knowledge Base, Wiki, Content Management Systeme	Teilen und Finden von Wissen	Bose (2008), Dorairaj, Noble und Malik (2012), Dreesen et al. (2016), Hossain, Babar und Paik (2009), Hossain et al. (2009), Kahya und Seneler (2018), Kajko-Mattsson, Azizyan und Magarian (2010), Lee und Yong (2010), Paasivaara, Durasiewicz und Lassenius (2008), Paasivaara, Durasiewicz und Lassenius (2009), Procter et al. (2011), Razzak und Ahmed (2014), Razzak und Šmite (2015), Robarts (2008), Shrinivasavadhani und Panicker (2008), Summers (2008), Sutherland et al. (2008), Sutherland et al. (2009), Therrien, Isabelle und LeBel (2009), Vijayaraghavan, Sundararajan und Bhasi (2014), Yadav (2016), Yagüe et al. (2016), Young und Terashima (2008)
Application/Desktop/Screen Sharing, Virtual Pair Programming	Visuelle Unterstützung, Ermöglichen von Pair Programming über Standorte hinweg	Bose (2008), Dreesen et al. (2016), Hossain, Babar und Paik (2009), Kahya und Seneler (2018), Kajko-Mattsson, Azizyan und Magarian (2010), Lous et al. (2018), Modi, Abbott und Counsell (2013), Paasivaara, Durasiewicz und Lassenius (2008), Paasivaara, Durasiewicz und Lassenius (2009), Razzak und Ahmed (2014), Summers (2008), Sutherland et al. (2009), Yagüe et al. (2016), Young und Terashima (2008)
(virtual) Whiteboard, gemeinsam Dokumente bearbeiten, Innovation Boards	Visuelle Unterstützung, Visualisierung, Zusammenarbeit (synchron und asynchron)	Bose (2008), Dorairaj, Noble und Allan (2013), Dreesen et al. (2016), Garbajosa, Yagüe und Gonzalez (2014), Hossain, Babar und Paik (2009), Lous et al. (2018), Persson, John, Aaen und Mathiassen (2008), Persson, John Stouby, Mathiassen und Aaen (2012), Procter et al. (2011), Razzak, Ahmed und Šmite (2013), Razzak und Ahmed (2014), Sutherland et al. (2008), Therrien, Isabelle und LeBel (2009)
Blog, Forum	Teilen von Wissen, Diskussion, Austausch	Dreesen et al. (2016), Hossain, Babar und Paik (2009), Razzak und Ahmed (2014), Razzak und Šmite (2015)
Social Intranet	Vernetzen, sozialer Kontakt und Austausch, Kennenlernen	Dreesen et al. (2016), Kahya und Seneler (2018)

Technologie	Ziel	Quellen
Expertensuche	Finden von Expertenwissen	Rubin und Rinard (2016)
	Koordination	
Aufgaben- und Taskverwaltung, Taskboards, Projektmanagement-Tools, Burndown Charts, Projekt Dashboards, (global) Scrumboards	Koordination von Aufgaben und Arbeitspaketen, Statusübersicht, Visualisierung	Bose (2008), Dreesen et al. (2016), Garbajosa, Yagüe und Gonzalez (2014), Hossain, Babar und Paik (2009), Khmelevsky, Li und Madnick (2017), Lous, Kuhrmann und Tell (2017), Lous et al. (2018), Mirachi et al. (2017), Paasivaara, Durasiewicz und Lassenius (2008), Paasivaara, Durasiewicz und Lassenius (2009), Paredes, Anslow und Maurer (2014), Razzak und Ahmed (2014), Razzak, Ahmed und Šmite (2013), Razzak und Šmite (2015), Shameem et al. (2017), Shrinivasavadhani und Panicker (2008), Sureshchandra und Shrinivasavadhani (2008), Sutherland et al. (2008), Therrien, Elaine (2008), Therrien, Isabelle und LeBel (2009), Vijayaraghavan, Sundararajan und Bhasi (2014), Yagüe et al. (2016)
Issue / Bug Tracking System, Ticketsystem	Verwaltung von Fehlern und deren Status, Koordination der Behebung und Abhängigkeiten	Bose (2008), Dreesen et al. (2016), Hossain, Babar und Paik (2009), Kajko-Mattsson, Azizyan und Magarian (2010), Khmelevsky, Li und Madnick (2017), Lee und Yong (2010), Lous, Kuhrmann und Tell (2017), Modi, Abbott und Counsell (2013), Paasivaara, Durasiewicz und Lassenius (2008), Razzak und Ahmed (2014), Razzak, Ahmed und Šmite (2013), Razzak und Šmite (2015), Shameem et al. (2017), Shrinivasavadhani und Panicker (2008), Summers (2008), Sutherland et al. (2009), Vax und Michaud (2008), Vijayaraghavan, Sundararajan und Bhasi (2014), Young und Terashima (2008)
Gemeinsames Backlog, eigenes Sprint Backlog je Team	Sammlung und Priorisierung von Entwicklungsaufgaben, Koordination der Entwicklung, Sprintziel	Hossain, Babar und Paik (2009), Hossain et al. (2009), Paasivaara et al. (2018), Paasivaara, Durasiewicz und Lassenius (2008), Paasivaara, Durasiewicz und Lassenius (2009), Summers (2008), Sutherland et al. (2008), Therrien, Isabelle und LeBel (2009)
Geteilter Kalender, Teamkalender	Planung und Koordination	Abbattista et al. (2008), Kajko-Mattsson, Azizyan und Magarian (2010), Lous et al. (2018), Razzak, Ahmed und Šmite (2013), Robarts (2008), Therrien, Isabelle und LeBel (2009)

Technologie	Ziel	Quellen
Kommunikation und Awareness		
Videokonferenzen, Videotelefonie	Reichhaltiger Kommunikationskanal, Verbesserung gegenseitigen Verständnisses, synchrone Kommunikation	Bannerman, Hossain und Jeffery (2012), Bose (2008), Dreesen et al. (2016), Garbajosa, Yagüe und Gonzalez (2014), Hanssen, Smite und Moe (2011), Hossain, Babar und Paik (2009), Kahya und Seneler (2018), Kajko-Mattsson, Azizyan und Magarian (2010), Kamaruddin, Arshad und Mohamed (2012), Khmelevsky, Li und Madnick (2017), Lee und Yong (2010), Lous, Kuhrmann und Tell (2017), Modi, Abbott und Counsell (2013), Nevo und Chengalur-Smith (2011), Paasivaara et al. (2018), Paasivaara, Durasiewicz und Lassenius (2008), Paasivaara, Durasiewicz und Lassenius (2009), Persson, John und Schlichter (2015), Ramesh, Mohan und Cao (2012), Razzak und Ahmed (2014), Razzak, Ahmed und Šmite (2013), Razzak und Šmite (2015), Robarts (2008), Summers (2008), Sureshchandra und Shrinivasavadhani (2008), Sutherland et al. (2009), Sutherland et al. (2008), Therrien, Isabelle und LeBel (2009), Vijayaraghavan, Sundararajan und Bhasi (2014), Williams und Stout (2008), Yadav (2016), Yadav et al. (2009), Yagüe et al. (2016), Young und Terashima (2008)

Technologie	Ziel	Quellen
Chat, Chatrooms, Teamchat, Instant Messaging	Informelle, synchron und asynchron nutzbare Kommunikationskanäle zwischen Einzelpersonen oder auch Gruppen	Bose (2008), Dreesen et al. (2016), Garbajosa, Yagüe und Gonzalez (2014), Hossain, Babar und Paik (2009), Khmelevsky, Li und Madnick (2017), Lee und Yong (2010), Lous, Kuhrmann und Tell (2017), Lous et al. (2018), Mirachi et al. (2017), Modi, Abbott und Counsell (2013), Moe et al. (2015), Nevo und Chengalur-Smith (2011), Niinimäki (2011), Paasivaara, Durasiewicz und Lassenius (2008), Paasivaara, Durasiewicz und Lassenius (2009), Persson, John, Aaen und Mathiassen (2008), Procter et al. (2011), Ramesh, Mohan und Cao (2012), Razzak und Ahmed (2014), Razzak, Ahmed und Šmite (2013), Razzak und Šmite (2015), Shrinivasavadhani und Panicker (2008), Therrien, Isabelle und LeBel (2009), Vax und Michaud (2008), Vijayaraghavan, Sundararajan und Bhasi (2014), Williams und Stout (2008), Yadav et al. (2009), Young und Terashima (2008)
E-Mail, (geteilte) Mailinglisten	Standardkanal für asynchrone Kommunikation, oft eher formell	Bose (2008), Dreesen et al. (2016), Garbajosa, Yagüe und Gonzalez (2014), Hossain, Babar und Paik (2009), Kajko-Mattsson, Azizyan und Magarian (2010), Lee und Yong (2010), Mirachi et al. (2017), Modi, Abbott und Counsell (2013), Niinimäki (2011), Paasivaara, Durasiewicz und Lassenius (2008), Paasivaara, Durasiewicz und Lassenius (2009), Persson, John, Aaen und Mathiassen (2008), Procter et al. (2011), Sureshchandra und Shrinivasavadhani (2008), Sutherland et al. (2008), Therrien, Elaine (2008), Therrien, Isabelle und LeBel (2009), Vax und Michaud (2008), Vijayaraghavan, Sundararajan und Bhasi (2014), Williams und Stout (2008), Young und Terashima (2008)
Telefonkonferenzen, Telefonie	Synchroner Kommunikationskanal	Bose (2008), Hossain, Babar und Paik (2009), Kahya und Seneler (2018), Lee und Yong (2010), Mirachi et al. (2017), Modi, Abbott und Counsell (2013), Nevo und Chengalur-Smith (2011), Paasivaara, Durasiewicz und Lassenius (2008), Paasivaara, Durasiewicz und Lassenius (2009), Razzak, Ahmed und Šmite (2013), Robarts (2008), Summers (2008), Sureshchandra und Shrinivasavadhani (2008), Therrien, Elaine (2008), Therrien, Isabelle und LeBel (2009), Vax und Michaud (2008), Vijayaraghavan, Sundararajan und Bhasi (2014), Williams und Stout (2008), Yadav et al. (2009), Young und Terashima (2008)

Technologie	Ziel	Quellen
Webkonferenzen	Visuelle Unterstützung beispielsweise zusätzlich zu Telefonat oder Telefonkonferenz	Bose (2008), Hossain, Babar und Paik (2009), Kamaruddin, Arshad und Mohamed (2012), Khmelevsky, Li und Madnick (2017), Lee und Yong (2010), Paasivaara, Durasiewicz und Lassenius (2008), Persson, John, Aaen und Mathiassen (2008), Persson, John Stouby, Mathiassen und Aaen (2012), Razzak, Ahmed und Šmite (2013), Razzak und Ahmed (2014), Razzak und Šmite (2015), Summers (2008), Therrien, Elaine (2008), Yadav (2016)
Ständige Videoverbindung, Mirroring, Live Streaming	Verbesserung der Teamkohäsion, Wahrnehmung als ein Team, Teamgefühl	Lous et al. (2018)
Basis		
Zentrales Code Repository, Versionsmanagement, Continuous Integration, Build- und Release-Management, automatisierte Builds, Integration und Tests	Gemeinsame Werkzeuge und Verfahren der Softwareentwicklung, Automatisierung, Vermeidung von Fehlern und Inkonsistenzen	Bose (2008), Dreesen et al. (2016), Garbajosa, Yagüe und Gonzalez (2014), Lee und Yong (2010), Lous et al. (2018), Modi, Abbott und Counsell (2013), Paasivaara et al. (2018), Paasivaara, Durasiewicz und Lassenius (2008), Persson, John und Schlichter (2015), Razzak und Šmite (2015), Rubin und Rinard (2016), Shrinivasavadhani und Panicker (2008), Sriram und Mathew (2012), Summers (2008), Sutherland et al. (2009), Sutherland et al. (2008), Vax und Michaud (2008), Yagüe et al. (2016)

Technologie	Ziel	Quellen
Technikqualität und -zuverlässigkeit, passende Tools, Bandbreite, Verfügbarkeit	Gute Verbindungsqualität (Sprache, Bild), Zuverlässigkeit und Stabilität der Verbindungen und Tools, bedarfsgerechte Werkzeuge	Bose (2008), Dreesen et al. (2016), Garbajosa, Yagüe und Gonzalez (2014), Hanssen, Smite und Moe (2011), Hossain, Babar und Paik (2009), Hossain et al. (2009), Kajko-Mattsson, Azizyan und Magarian (2010), Kamaruddin, Arshad und Mohamed (2012), Modi, Abbott und Counsell (2013), Paasivaara et al. (2018), Paasivaara, Durasiewicz und Lassenius (2008), Paasivaara, Durasiewicz und Lassenius (2009), Persson, John und Schlichter (2015), Therrien, Elaine (2008), Williams und Stout (2008)
Einigung auf technische Standards (z.B. Coding Standards), einheitliche Entwicklungsumgebung	Ermöglichen von Zusammenarbeit und Arbeitsteilung, Wiederverwendbarkeit von Code	Beecham, Noll und Richardson (2014), Bose (2008), Dreesen et al. (2016), Lee und Yong (2010), Lous et al. (2018), Razzak und Šmite (2015), Silva und Santos (2015), Summers (2008), Vijayaraghavan, Sundararajan und Bhasi (2014)
Training, Workshops, Communities of Practice	Gemeinsame Basis an Fähigkeiten, Aufbau, Erhalt und Weitergabe von Wissen	Dreesen et al. (2016), Khmelevsky, Li und Madnick (2017), Razzak und Ahmed (2014), Razzak, Ahmed und Šmite (2013), Razzak und Šmite (2015), Robarts (2008), Sriram und Mathew (2012), Sureshchandra und Shrinivasavadhani (2008)
Allgemeine Technikverfügbarkeit, Vorhandensein, Vorbereitung	Arbeitsfähigkeit herstellen, flexibles Arbeiten ermöglichen (z.B. Home-Office)	Kajko-Mattsson, Azizyan und Magarian (2010), Therrien, Elaine (2008), Therrien, Isabelle und LeBel (2009), Vax und Michaud (2008)

Literaturverzeichnis

Abbattista, Fabio, Fabio Calefato, Domenico Gendarmi und Filippo Lanubile. 2008. „Incorporating Social Software into Distributed Agile Development Environments." In *23rd IEEE/ACM International Conference on Automated Software Engineering, 2008: ASE 2008 ; 15 - 19 Sept. 2008, L'Aquila, Italy ; proceedings*, 46–51. Piscataway, NJ: IEEE.

Ågerfalk, Pär J., Brian Fitzgerald und Sandra A. Slaughter. 2009. „Introduction to the Special Issue —Flexible and Distributed Information Systems Development: State of the Art and Research Challenges." *Information Systems Research* 20 (3): 317–28. doi:10.1287/isre.1090.0244.

Aston, Janice, Lionel Laroche und Gerard Meszaros. 2008. „Cowboys and Indians: Impacts of Cultural Diversity on Agile Teams." In *Conference Agile, 2008: AGILE '08 ; August 4 - 8, 2008, Toronto, Ontario, Canada*, hg. v. Grigori Melnik, Philippe Kruchten und Mary Poppendieck, 423–28. Los Alamitos, Calif. IEEE Computer Soc.

Bannerman, Paul L., Emam Hossain und Ross Jeffery. 2012. „Scrum Practice Mitigation of Global Software Development Coordination Challenges: a Distinctive Advantage?". In *2012 45th Hawaii International Conference on System Science: (HICSS) ; USA, 4 - 7 Jan. 2012*, hg. v. Ralph H. Sprague, 5309–18. Piscataway, NJ: IEEE.

Batra, Dinesh, Debra VanderMeer und Kaushik Dutta. 2011. „Extending Agile Principles to Larger, Dynamic Software Projects." *Journal of Database Management* 22 (4): 73–92. doi:10.4018/jdm.2011100104.

Batra, Dinesh, Debra VanderMeer, Weidong Xia und Kaushik Dutta. 2010. „Balancing Agile and Structured Development Approaches to Successfully Manage Large Distributed Software Projects: A Case Study from the Cruise Line Industry." *Communications of the Association for Information Systems* 27.

Baumöl, Ulrike. 2008. *Change Management in Organisationen: Situative Methodenkonstruktion für flexible Veränderungsprozesse.* 1. Aufl. Gabler-Edition Wissenschaft. Wiesbaden: Gabler. http://dx.doi.org/10.1007/978-3-8349-9640-4.

Beecham, Sarah, John Noll und Ita Richardson. 2014. „Using Agile Practices to Solve Global Software Development Problems - a Case Study." In *2014 IEEE 9th International Conference on Global Software Engineering workshops (ICGSEW): 18 Aug. 2014, Shanghai, China ; proceedings*, 5–10. Piscataway, NJ: IEEE.

Bin-Hezam, Reem und Sultan Alyahya. 2016. „Managing Customer Involvement in Globally Distributed Agile Projects." In *11th IEEE International Conference on Global Software Engineering: ICGSE 2016 : companion proceedings : proceedings : 2-3 August 2016, Irvine, California*, 7–12. Piscataway, NJ: IEEE.

Bose, Indranil. 2008. „Lessons Learned from Distributed Agile Software Projects: A Case-Based Analysis." *Communications of the Association for Information Systems* 23: 619–32.

Conboy, Kieran. 2009. „Agility from First Principles: Reconstructing the Concept of Agility in Information Systems Development." *Information Systems Research* 20 (3): 329–54.

Cottmeyer, Mike. 2008. „The Good and Bad of Agile Offshore Development." In Melnik, Kruchten und Poppendieck, *Conference Agile, 2008*, 362–67.

Dorairaj, Siva und James Noble. 2013. „Agile Software Development with Distributed Teams: Agility, Distribution and Trust." In *2013 Agile Conference (AGILE): 5 - 9 Aug. 2013, Nashville, Tennessee, USA*, 1–10. Piscataway, NJ: IEEE.

Dorairaj, Siva, James Noble und George Allan. 2013. „Agile Software Development with Distributed Teams: Senior Management Support." In *2013 IEEE 8th International Conference on Global Software Engineering (ICGSE): 26 - 29 Aug. 2013, Bari, Italy*, 197–205. Piscataway, NJ: IEEE.

Dorairaj, Siva, James Noble und Petra Malik. 2012. „Knowledge Management in Distributed Agile Software Development." In *2012 Agile Conference (AGILE): 13 - 17 Aug. 2012, Dallas, Texas, USA*, 64–73. Piscataway, NJ: IEEE.

Dreesen, Tim, Robert Linden, Caroline Meures, Nikolaus Schmidt und Christoph Rosenkranz. 2016. „Beyond the Border: a Comparative Literature Review on Communication Practices for Agile Global Outsourced Software Development Projects." In *Proceedings of the 49th Annual Hawaii International Conference on System Sciences: 5-8 January 2016, Kauai, Hawaii*, hg. v. Tung X. Bui und Ralph H. Sprague, 4932–41. Piscataway, NJ: IEEE.

Estler, H.-Christian, Martin Nordio, Carlo A. Furia, Bertrand Meyer und Johannes Schneider. 2012. „Agile Vs. Structured Distributed Software Development: a Case Study." In *2012 IEEE Seventh International Conference on Global Software Engineering (ICGSE): 27 - 30 Aug. 2012, PUCRS, Porto Alegre, Brazil*, 11–20. Piscataway, NJ: IEEE.

Fisher, Kimball und Mareen D. Fisher. 2001. *The Distance Manager: A Hands-on Guide to Managing Off-Site Employees and Virtual Teams.* New York: McGraw-Hill.

Fitriani, Widia R., Puji Rahayu und Dana I. Sensuse. 2016. „Challenges in Agile Software Development: a Systematic Literature Review." In *2016 International Conference on Advanced Computer Science and Information Systems (ICACSIS): Widyaloka Building, Universitas Brawijaya, Malang, October 15th-16th, 2016*, 155–64. Piscataway, NJ: IEEE.

Fowler, Martin und Jim Highsmith. 2001. „The agile manifesto." *Software Development* 9 (8): 28–35.

Garbajosa, Juan, Agustin Yagüe und Eloy Gonzalez. 2014. „Communication in Agile Global Software Development: an Exploratory Study." In *On the move to meaningful internet systems: OTM 2014 workshops ; confederated international workshops: OTM Academy, OTM Industry Case Studies Program, C&TC, EI2N, INBAST, ISDE, META4eS, MSC, and OnToContent 2014, Amantea, Italy, October 27 - 31, 2014 ; proceedings.* Bd. 8842, hg. v. Robert Meersman, Hervé Panetto, Alok Mishra, Rafael Valencia-García, António L. Soares, Ioana Ciuciu, Fernando Ferri et al., 408–17. Lecture Notes in Computer Science 8842. Berlin: Springer.

Garcia-Crespo, Angel, Ricardo Colomo-Palacios, Pedro Soto-Acosta und Marcos Ruano-Mayoral. 2010. „A Qualitative Study of Hard Decision Making in Managing Global Software Development Teams." *Information Systems Management* 27 (3): 247–52. doi:10.1080/10580530.2010.493839.

Hanssen, Geir K., Darja Smite und Nils B. Moe. 2011. „Signs of Agile Trends in Global Software Engineering Research: a Tertiary Study." In *2011 Sixth IEEE International Conference on Global Software Engineering Workshop (ICGSEW): 15 - 18 Aug. 2011, Helsinki, Finland ; proceedings*, 17–23. Piscataway, NJ: IEEE.

Helquist, Joel H., Amit Deokar, Thomas Meservy und John Kruse. 2011. „Dynamic collaboration." *SIGMIS Database* 42 (2): 95. doi:10.1145/1989098.1989104.

Hossain, Emam, Muhammad A. Babar und Hye-young Paik. 2009. „Using Scrum in Global Software Development: a Systematic Literature Review." In *Fourth IEEE International Conference on Global Software Engineering, 2009: ICGSE 2009 ; 13 - 16 July 2009, Limerick, Ireland ; proceedings ; including workshop papers*, 175–84. Piscataway, NJ: IEEE.

Hossain, Emam, Muhammad A. Babar, Hye-young Paik und June Verner. 2009. „Risk Identification and Mitigation Processes for Using Scrum in Global Software Development: a Conceptual Framework." In *Asia-Pacific Software Engineering Conference, 2009: APSEC '09 ; date: 1 - 3 Dec. 2009, Batu Ferringhi, Penang, Malaysia*, hg. v. Shahida Sulaiman, 457–64. Piscataway, NJ: IEEE.

Hummel, Markus. 2014. „State-of-the-Art: a Systematic Literature Review on Agile Information Systems Development." In *IEEE 8th International Symposium on Service-Oriented System Engineering (SOSE), 2014: 7 - 11 April 2014, Oxford, United Kingdom*, 4712–21. Piscataway, NJ: IEEE.

Kahya, Murat D. und Cagla Seneler. 2018. „Geographical Distance Challenges in Distributed Agile Software Development: Case Study of a Global Company." In *2018 3rd International Conference on Computer Science and Engineering (UBMK)*, 78–83: IEEE.

Kajko-Mattsson, Mira, Gayane Azizyan und Miganoush K. Magarian. 2010. „Classes of Distributed Agile Development Problems." In *Agile Conference, 2010: 9 - 13 Aug. 2010 ; Orlando, Florida, USA*, hg. v. Sallyann Freudenberg und Joseph Chao, 51–58. Piscataway, NJ: IEEE.

Kamaruddin, Nina K., Noor H. Arshad und Azlinah Mohamed. 2012. „Chaos Issues on Communication in Agile Global Software Development." In *IEEE Business, Engineering and Industrial Applications Colloquium (BEIAC), 2012: 7 - 8 April 2012, Kuala Lumpur, Malaysia*, 394–98. Piscataway, NJ: IEEE.

Khmelevsky, Youry, Xitong Li und Stuart Madnick. 2017. „Software Development Using Agile and Scrum in Distributed Teams." In *11th Annual IEEE International Systems Conference: Montreal, Quebec, Canada, Marriott Chateau Champlain Hotel, Monday-Thursday, April 24-27 : 2017 proceedings*, 1–4. Piscataway, NJ: IEEE.

Lee, Seiyoung und Hwan-Seung Yong. 2010. „Distributed agile: project management in a global environment." *Empirical Software Engineering* 15 (2): 204–17. doi:10.1007/s10664-009-9119-7.

Lous, Pernille, Marco Kuhrmann und Paolo Tell. 2017. „Is Scrum Fit for Global Software Engineering?". In *2017 IEEE 12th International Conference on Global Software Engineering - ICGSE 2017: 22-23 May 2017, Buenos Aires, Argentina : proceedings*, 1–10. Piscataway, NJ: IEEE.

Lous, Pernille, Paolo Tell, Christian B. Michelsen, Yvonne Dittrich, Marco Kuhrmann und Allan Ebdrup. 2018. „Virtual by design: How a Work Environment can Support Agile Distributed Software Development." In *ICGSE 2018: 2018 ACM/IEEE 13th International Conference on Global Software Engineering : proceedings : Gothenburg, Sweden, 27-29 May 2018*, hg. v. Maria Paasivaara, Darja Šmite und Roberto Evaristo, 102–11. New York, New York, [Los Alamitos, California]: Association for Computing Machinery; IEEE Computer Society, Conference Publishing Services.

Matalonga, Santiago, Martín Solari und Gerardo Matturro. 2013. „Factors Affecting Distributed Agile Projects: A Systematic Review." *Int. J. Soft. Eng. Knowl. Eng.* 23 (09): 1289–1301. doi:10.1142/S021819401350040X.

Microsoft. 2019. „Microsoft Teams: Der zentrale Ort für Teamarbeit in Office 365." Zugriff: 11. Februar 2019. https://products.office.com/de-de/microsoft-teams/group-chat-software.

Mirachi, Samoel, Valdir da Costa Guerra, Adilson M. da Cunha, Luiz A. V. Dias und Emilia Villani. 2017. „Applying agile methods to aircraft embedded software: an experimental analysis." *Software: Practice and Experience* 47 (11): 1465–84. doi:10.1002/spe.2477.

Modi, Sunila, Pamela Abbott und Steve Counsell. 2013. „Negotiating Common Ground in Distributed Agile Development: a Case Study Perspective." *2013 IEEE 8th International Conference on Global Software Engineering (ICGSE)*, 80–89.

Moe, Nils B., Daniela S. Cruzes, Tore Dyba und Ellen Engebretsen. 2015. „Coaching a Global Agile Virtual Team." In *2015 IEEE 10th International Conference on Global Software Engineering (ICGSE): 13 - 16 July 2015, Ciudad Real, Spain ; 2006 - 2015: 10 years of ICGSE*, 33–37. Piscataway, NJ: IEEE.

Näkki, Pirjo und Kaisa Koskela-Huotari. 2012. „User Participation in Software Design via Social Media: Experiences from a Case Study with Consumers." *AIS Transactions on Human-Computer Interaction* 4 (2): 129–52.

Nevo, Saggi und InduShobha Chengalur-Smith. 2011. „Enhancing the Performance of Software Development Virtual Teams Through the Use of Agile Methods: a Pilot Study." In *2011 44th Hawaii International Conference on System Sciences: (HICSS) ; 4 - 7 Jan. 2011, Koloa, Kauai, Hawaii*, hg. v. Ralph H. Sprague, 1–10. Piscataway, NJ: IEEE.

Niinimäki, Tuomas. 2011. „Face-to-Face, Email and Instant Messaging in Distributed Agile Software Development Project." *2011 Sixth IEEE International Conference on Global Software Engineering Workshop (ICGSEW)*, 78 84.

Paasivaara, Maria, Benjamin Behm, Casper Lassenius und Minna Hallikainen. 2018. „Large-scale agile transformation at Ericsson: a case study." *Empirical Software Engineering* 23 (5): 2550–96. doi:10.1007/s10664-017-9555-8.

Paasivaara, Maria, Sandra Durasiewicz und Casper Lassenius. 2008. „Distributed Agile Development: Using Scrum in a Large Project." In *IEEE International Conference on Global Software Engineering, 2008: ICGSE 2008 ; 17 - 20 Aug. 2008, Bangalore, India*, 87–95. Piscataway, NJ: IEEE.

―――. 2009. „Using Scrum in Distributed Agile Development: a Multiple Case Study." *Fourth IEEE International Conference on Global Software Engineering, 2009*, 195–204.

Paredes, Julia, Craig Anslow und Frank Maurer. 2014. „Information Visualization for Agile Software Development." In *2014 Second IEEE Working Conference on Software Visualization (VISSOFT): 29 - 30 Sept. 2014, Victoria, British Columbia, Canada*, hg. v. Houari Sahraoui, 157–66. Piscataway, NJ: IEEE.

Persson, John, Ivan Aaen und Lars Mathiassen. 2008. „Real-Time Control Mediation in Agile Distributed Software Development." *AMCIS 2008 Proceedings*. https://aisel.aisnet.org/amcis2008/293.

Persson, John und Bjarne Schlichter. 2015. „Managing Risk Areas in Software Development Offshoring: A CMMI Level 5 Case." *Journal of Information Technology Theory and Application (JITTA)* 16 (1). https://aisel.aisnet.org/jitta/vol16/iss1/2.

Persson, John S., Lars Mathiassen und Ivan Aaen. 2012. „Agile distributed software development: enacting control through media and context." *Information Systems Journal* 22 (6): 411–33. doi:10.1111/j.1365-2575.2011.00390.x.

Phalnikar, Rashmi, V. S. Deshpande und S. D. Joshi. 2009. „Applying Agile Principles for Distributed Software Development." In *International Conference on Advanced Computer Control, 2009: ICACC '09 ; 22 - 24 Jan. 2009, Singapore, Singapore ; proceedings*, hg. v. Jianhong Zhou, 535–39. Piscataway, NJ: IEEE.

Pries-Heje, Lene und Jan Pries-Heje. 2011. „Why Scrum Works: a Case Study from an Agile Distributed Project in Denmark and India." In *2011 Agile Conference (AGILE): 7 - 13 Aug. 2011, Salt Lake City, Utah*, 20–28. Piscataway, NJ: IEEE.

Procter, Rob, Mark Rouncefield, Meik Poschen, Yuwei Lin und Alex Voss. 2011. „Agile Project Management: A Case Study of a Virtual Research Environment Development Project." *Computer Supported Cooperative Work (CSCW)* 20 (3): 197–225. doi:10.1007/s10606-011-9137-z.

Ramesh, Balasubramaniam, Kannan Mohan und Lan Cao. 2012. „Ambidexterity in Agile Distributed Development: An Empirical Investigation." *Information Systems Research* 23 (2): 323–39. doi:10.1287/isre.1110.0351.

Razavi, Abbas M. und Rodina Ahmad. 2014. „Agile Development in Large and Distributed Environments: a Systematic Literature Review on Organizational, Managerial and Cultural Aspects." In *8th Malaysian Software Engineering Conference (MySEC), 2014: 23 - 24 Sept. 2014, Langkawi, Malaysia ; co-located [with] the 5th Software Engineering Postgraduates Workshop (SEPoW 2014)*, hg. v. Dayang N. A. Jawawi, 216–21. Piscataway, NJ: IEEE.

Razzak, Mohammad A. und Rajib Ahmed. 2014. „Knowledge Sharing in Distributed Agile Projects: Techniques, Strategies and Challenges." In *Proceedings of the 2014 Federated Conference on Computer Science and Information Systems*, 1431–40. Annals of Computer Science and Information Systems: IEEE.

Razzak, Mohammad A., Rajib Ahmed und Darja Šmite. 2013. „Spatial Knowledge Creation and Sharing Activities in a Distributed Agile Project." In *2013 IEEE 8th International Conference on Global Software Engineering workshops (ICGSEW): 26 Aug. 2013, Bari, Italy ; proceedings*, 24–30. Piscataway, NJ: IEEE.

Razzak, Mohammad A. und Darja Šmite. 2015. „Knowledge Management in Globally Distributed Agile Projects -- Lesson Learned." *2015 IEEE 10th International Conference on Global Software Engineering (ICGSE)*, 81–89.

Robarts, Jane M. 2008. „Practical Considerations for Distributed Agile Projects." In Melnik, Kruchten und Poppendieck, *Conference Agile, 2008*, 327–32.

Rubin, Julia und Martin Rinard. 2016. „The Challenges of Staying Together While Moving Fast." In *2016 IEEE/ACM 38th IEEE International Conference on Software Engineering: ICSE 2016 : 14-22 May 2016, Austin, Texas, USA : proceedings*, hg. v. Laura Dillon, Willem Visser und Laurie Williams, 982–93. New York, New York: The Association for Computing Machinery.

Sarker, Saonee, Charles L. Munson, Suprateek Sarker und Suranjan Chakraborty. 2009. „Assessing the relative contribution of the facets of agility to distributed systems development success: an Analytic Hierarchy Process approach." *European Journal of Information Systems* 18 (4): 285–99. doi:10.1057/ejis.2009.25.

Sarker, Saonee und Suprateek Sarker. 2009. „Exploring Agility in Distributed Information Systems Development Teams: An Interpretive Study in an Offshoring Context." *Information Systems Research* 20 (3): 440–61.

Schwaber, Ken und Mike Beedle. 2002. *Agile Software Development with Scrum.* Series in agile software development. Upper Saddle River, NJ: Prentice Hall.

Scrum.org. 2019. „The Scrum Framework Poster." Zugriff: 20. Januar 2019. https://www.scrum.org/resources/scrum-framework-poster.

Shameem, Mohammad, Chiranjeev Kumar, Bibhas Chandra und Arif A. Khan. 2017. „Systematic Review of Success Factors for Scaling Agile Methods in Global Software Development Environment: a Client-Vendor Perspective." In *2017 24th Asia-Pacific Software Engineering Conference workshops, APSECW 2017: Nanjing, China, 4-8 December 2017 : proceedings*, 17–24. Piscataway, NJ: IEEE.

Sharp, Jason H. und Sherry D. Ryan. 2011. „Global Agile Team Configuration." *Journal of Strategic Innovation & Sustainability* 7 (1): 120–34. http://search.ebscohost.com/login.aspx?direct=true&db=bsu&AN=64155255&site=ehost-live.

Shrinivasavadhani, Jagadish und Vinod Panicker. 2008. „Remote Mentoring a Distributed Agile Team." In Melnik, Kruchten und Poppendieck, *Conference Agile, 2008*, 322–26.

Silva, Karla M. B. d. und Simone C. d. Santos. 2015. „Critical Factors in Agile Software Projects According to People, Process and Technology Perspective." In *6th Brazilian Workshop on Agile Methods - WBMA 2015: Porto de Galinhas, Pernambuco, Brazil, 21-23 October 2015 : proceedings*, 48–54. Piscataway, NJ: IEEE.

Sriram, R. und S. K. Mathew. 2012. „Global Software Development Using Agile Methodologies: a Review of Literature." In *IEEE International Conference on Management of Innovation and Technology (ICMIT), 2012: 11 - 13 June 2012, [Sanur], Bali, Indonesia*, 389–93. Piscataway, NJ: IEEE.

Summers, Mark. 2008. „Insights into an Agile Adventure with Offshore Partners." In Melnik, Kruchten und Poppendieck, *Conference Agile, 2008*, 333–38.

Sungkur, Roopesh K. und Mayvin Ramasawmy. 2014. „Knowledge4Scrum, a novel knowledge management tool for agile distributed teams." *VINE* 44 (3): 394–419. doi:10.1108/VINE-12-2013-0068.

Sureshchandra, Kalpana und Jagadish Shrinivasavadhani. 2008. „Adopting Agile in Distributed Development." *IEEE International Conference on Global Software Engineering, 2008,* 217–21.

Sutherland, Jeff, Guido Schoonheim, N. Kumar, V. Pandey und S. Vishal. 2009. „Fully Distributed Scrum: Linear Scalability of Production Between San Francisco and India." In *Agile '09, Agile Conference, 2009: 24 - 28 Aug. 2009 ; Chicago, Illinois,* hg. v. Yael Dubinsky, Tore Dybå, Steve Adolph und Ahmed S. Sidky, 277–82. Piscataway, NJ: IEEE.

Sutherland, Jeff, Guido Schoonheim, Eelco Rustenburg und Maurits Rijk. 2008. „Fully Distributed Scrum: the Secret Sauce for Hyperproductive Offshored Development Teams." In Melnik, Kruchten und Poppendieck, *Conference Agile, 2008,* 339–44.

Therrien, Elaine. 2008. „Overcoming the Challenges of Building a Distributed Agile Organization." In Melnik, Kruchten und Poppendieck, *Conference Agile, 2008,* 368–72.

Therrien, Isabelle und Erik LeBel. 2009. „From Anarchy to Sustainable Development: Scrum in Less Than Ideal Conditions." In Dubinsky, Dybå, Adolph und Sidky, *Agile '09, Agile Conference, 2009,* 289–94.

Vax, Michael und Stephen Michaud. 2008. „Distributed Agile: Growing a Practice Together." In Melnik, Kruchten und Poppendieck, *Conference Agile, 2008,* 310–14.

VersionOne. 2018. „The 12th Annual State of Agile Report." Zugriff: 20. Januar 2019. https://explore.versionone.com/state-of-agile/versionone-12th-annual-state-of-agile-report.

Vijayaraghavan, Pramod K., Srikrishnan Sundararajan und Marath Bhasi. 2014. „Case study on risk management practice in large offshore-outsourced Agile software projects." *IET Software* 8 (6): 245–57. doi:10.1049/iet-sen.2013.0190.

Vom Brocke, Jan, Alexander Simons, Björn Niehaves, Kai Reimer, Ralf Plattfaut und Anne Cleven. 2009. „Reconstructing the giant: On the importance of rigour in documenting the literature search process." In *ECIS 2009 Proceedings*. Verona.

Williams, Wes und Mike Stout. 2008. „Colossal, Scattered, and Chaotic (Planning with a Large Distributed Team)." In Melnik, Kruchten und Poppendieck, *Conference Agile, 2008*, 356–61.

Yadav, Vanita. 2016. „A Flexible Management Approach for Globally Distributed Software Projects." *Global Journal of Flexible Systems Management* 17 (1): 29–40. doi:10.1007/s40171-015-0118-9.

Yadav, Vanita, Monica Adya, Varadharajan Sridhar und Dhruv Nath. 2009. „Flexible Global Software Development (GSD): Antecedents of Success in Requirements Analysis." *Journal of Global Information Management* 17 (1): 1–31. doi:10.4018/jgim.2009010101.

Yagüe, Agustin, Juan Garbajosa, Jessica Díaz und Eloy González. 2016. „An exploratory study in communication in Agile Global Software Development." *Computer Standards & Interfaces* 48:184–97.

Young, Cynick und Hiroki Terashima. 2008. „How Did We Adapt Agile Processes to Our Distributed Development?". In Melnik, Kruchten und Poppendieck, *Conference Agile, 2008*, 304–9.

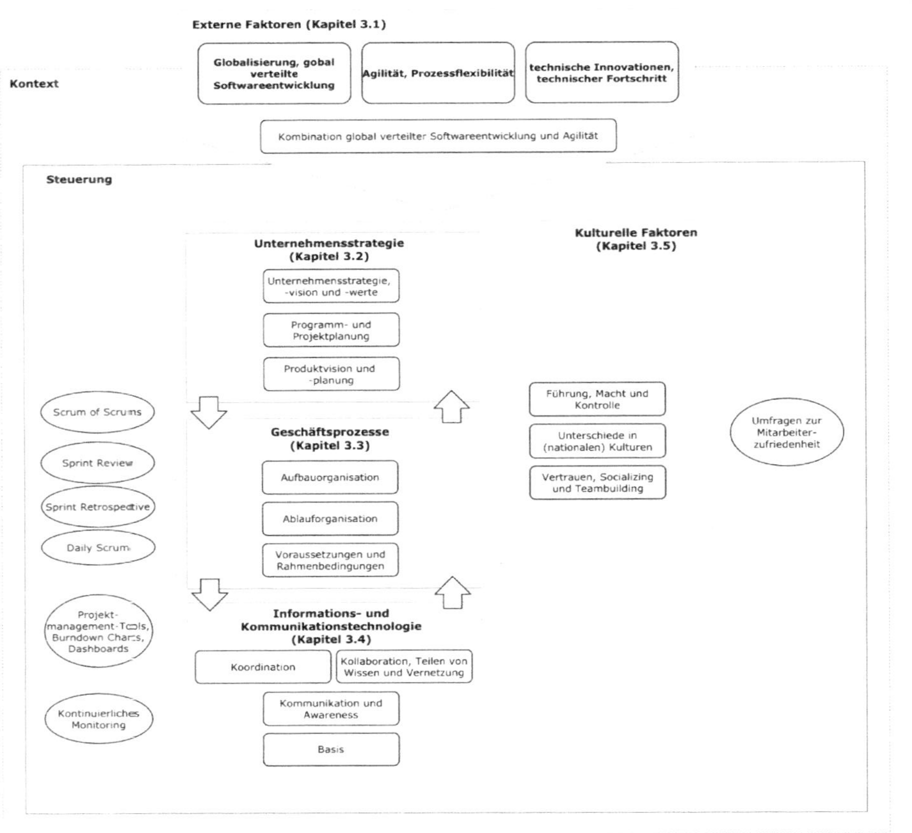

Externe Faktoren (Kapitel 3.1)
Kontext
Globalisierung, gobal verteilte Softwareentwicklung
Agilität, Prozessflexibilität
technische Innovationen, technischer Fortschritt
Kombination global verteilter Softwareentwicklung und Agilität
Steuerung
Unternehmensstrategie (Kapitel 3.2)
Unternehmensstrategie, -vision und -werte
Programm- und Projektplanung
Produktvision und -planung
Geschäftsprozesse (Kapitel 3.3)
Aufbauorganisation
Ablauforganisation
Voraussetzungen und Rahmenbedingungen
Informations- und Kommunikationstechnologie (Kapitel 3.4)
Koordination
Kollaboration, Teilen von Wissen und Vernetzung
Kommunikation und Awareness
Basis
Kulturelle Faktoren (Kapitel 3.5)
Führung, Macht und Kontrolle
Unterschiede in (nationalen) Kulturen
Vertrauen, Socializing und Teambuilding
Umfragen zur Mitarbeiter-zufriedenheit
Scrum of Scrums
Sprint Review
Sprint Retrospective
Daily Scrum
Projekt-management-Tools, Burndown Charts, Dashboards
Kontinuierliches Monitoring